INTERPRETAZIONE SINTETICA DELLA RIVOLUZIONE LUNARE

Copyright © 2022 *Edizioni Ricerca '90*

via Melchiorre Gioia, 123
20125 Milano - ITALY
ciro.discepolo@gmail.com

https://plus.google.com/108726532055915587593/posts
www.cirodiscepolo.it

Printed in Italy

Ciro Discepolo

INTERPRETAZIONE SINTETICA DELLA RIVOLUZIONE LUNARE

Ricerca '90 Publisher

PREFAZIONE

Un mio nuovo contributo all'interpretazione delle Rivoluzioni Lunari, mirate e non mirate, per la serie *repetita iuvant*. Infatti le descrizioni che trovate in questo mio breve libro sono quasi le stesse contenute in un tomo ben più ponderoso, *Transiti e Rivoluzioni Solari*, che nella sua edizione in lingua russa, per esempio, conta oltre 800 pagine.

Non si tratta della semplice copia delle parti essenziali di quel libro, ma di una rilettura delle stesse con diverse note a margine e passaggi ampliati o sottolineati in modo diverso.

Il tutto, centoventi pagine, rappresenta, appunto, una "lettura sintetica delle Rivoluzioni Lunari" che è lo scopo di questo lavoro arricchito anche da alcuni esempi inediti che si vanno ad aggiungere a centinaia di altri pubblicati in oltre mezzo secolo di studi e di ricerche sull'argomento Astrologia Attiva: soltanto ne *Il Grande Trattato di Astrologia* è possibile studiare centinaia di grafici che illustrano il ruolo delle RL all'interno della scansione colta delle RS in cui le prime sottolineano, fortemente, quanto si evince già nelle seconde.

Da segnalare anche, ritengo, l'apertura di due "nuovi passaggi a nord-ovest" spiegati in uno specifico capitolo che segue e che, a mio parere, schiudono nuove e interessanti prospettive nello studio di questa parte importantissima dell'**Astrologia Attiva**.

Quella che mi piace definire la "famiglia di Dubai", con a capo Chiara Barbaro che ha fortemente voluto quel gioiello applicativo battezzato **MyAstral**, lavora quasi H24 (dato che tutta la squadra si muove, prevalentemente, a molti fusi orari di distanza tra loro, soprattutto tra Miami, New York, Londra, Barcellona, Milano e Dubai) per offrire nuovi *tool* "affilatissimi" con cui utilizzare, pienamente e senza il pericolo di commettere errori di calcolo, **la meravigliosa arte-scienza dei compleanni mirati**, solari e lunari.

L'ultimo cammeo, di soli pochi giorni fa, il "**Maps di MyAstral**", realizzato soprattutto dalla geniale mente di Stefano Briganti, è qualcosa che perfino l'Autore dichiarava, solo poche settimane or sono, che sarebbe stato impossibile creare, ma chi scrive è un fan assetato di scoperte di nuovi passaggi a nord-ovest e questo è un esempio di ciò che si può ottenere quando si dedica una intera vita ad un progetto del genere...

Chi fa capo a questa scuola sa che, oltre all'importanza enorme di avere scoperto la possibilità di ottenere un anno o un mese migliori spostandosi nel giorno del proprio *return* solare o lunare, è altrettanto fondamentale compiere questa operazione non con un linguaggio da primitivi del tipo "metterò Giove in decima", ma utilizzando una semantica trigonometrica altissima, nella direzione 'piazzerò questa cuspide a tot primi di grado e a latitudini teoricamente impossibili' e verificherò anche cosa può significare scegliere tra due hotel dove dormire, mettiamo ad un chilometro di distanza reciproca, nell'estremo nord della Norvegia, del Canada, della Groenlandia o dell'Islanda, per non sbagliare un cielo di RL".

Tutto questo mi appaga ed è anche il lascito che desideravo regalare a quegli studiosi superiori di **Astrologia Attiva** e non a maldestri praticanti della domenica formatisi su qualche *YouTube* e seguaci, forse, del verbo di Paperopoli.

Il mio cammino futuro, per motivi oggettivi, non potrà essere lungo e mi piace pensare che decine di libri come questo e strumenti sofisticatissimi come **MyAstral**, indicheranno una strada precisa anche agli studiosi futuri che non sanno ancora di esserlo.

Viva l'Astrologia di livello altissimo!

CAPITOLO 1

ALTRI LIBRI CHE TRATTANO L'ARGOMENTO RIVOLUZIONI LUNARI

Il libro che state consultando o che state studiando non è il primo tra quelli che ho pubblicato e che sono quasi totalmente indirizzati all'approfondimento delle RS, delle RSM, delle Rivoluzioni Lunari e delle Rivoluzioni Lunari Mirate. Allora, a beneficio del Lettore, trascrivo un elenco quasi completo dei miei testi relativi all'argomento "Astrologia Attiva" al cui interno il sotto-argomento "Rivoluzioni Lunari" è ampiamente approfondito.

- **Guida ai transiti**

- **I transiti**

- **Astrologia applicata**

- **Il Nuovo Dizionario di Astrologia**

- **Transiti e Rivoluzioni solari**

- **Nuovo Trattato delle Rivoluzioni Solari**

- **Nuovo Trattato di Astrologia** (2 volumi). L'attuale edizione di questo testo si intitola Il Grande Trattato di Astrologia. Soltanto nella seconda parte, su quattro, di questo mio libro di circa 800 pagine di grande formato, ho inserito ben 491 grafici di Temi Natali, Rivoluzioni Solari e Rivoluzioni Lunari, per illustrare gli esempi da me usati di "datazione degli avvenimenti" e, se non avessi riportato le Rivoluzioni Lunari, non avrei potuto, neanche lontanamente, spiegare i fatti che ho illustrato.

- **Rivoluzioni Lunari e Rivoluzioni Terrestri**

- **Trattato Pratico di Rivoluzioni Solari**

- **Il sale dell'astrologia**

- **Astrologia Applicata**

- **I Simboli Planetari** ###

- **Astrologia Attiva**

- **Astro&Geografia** ##

- **Esercizi sulle Rivoluzioni Solari Mirate**

- **Ci siamo con la datazione informatica degli avvenimenti?** ####

- **Schegge di Astrologia Attiva**

- **Quattro cose sui compleanni mirati**

- **La ricerca dell'ora di nascita**

- **Supporto tecnico alla pratica delle Rivoluzioni Solari Mirate** #

- **Atlante Geografico per le Rivoluzioni Solari** #

- **Relocating Solar Returns** #####

- **The 20 Days Before And After The Birthday**

- **The Protocol For Correction Of Birth Time**

- **Aimed Solar Returns, A Short Album, Volume 1**

- **Aimed Solar Returns, A Short Album, Volume 2**

- Elective Astrology

- Get Money By Astrology

- Revisione dell'Astrologia

- Il delitto di Sarah Scazzi

- Il delitto di Yara Gambirasio

- Il mostro di Firenze

- La strage di Erba

- Il blog di Ciro Discepolo I Parte

- Il blog di Ciro Discepolo II Parte

- **Il blog di Ciro Discepolo III Parte** (soltanto in questi ultimi tre libri di grande formato e per complessive quasi 1500 pagine, vengono illustrate e commentate da me centinaia di Rivoluzioni Solari e di Rivoluzioni Lunari. Avrei la possibilità di pubblicare almeno altri 5 volumi di questa serie, già interamente scritti, ma il tempo è tiranno e non si può fare tutto).

- **50 Rivoluzioni Lunari, per capire meglio**

#: insieme a Luigi Galli
##: insieme ad Andrea Rossetti
###: insieme a Michele Rossena
####: insieme a Pino Valente
#####: insieme a Luciano Drusetta

CAPITOLO 2

UN PO' DI TEORIA, DAL MIO LIBRO

RIVOLUZIONI LUNARI, RIVOLUZIONI TERRESTRI
Armenia editore, Milano, 2008, 254 pagine

VENTI BUONE REGOLE

Le regole che sto per elencarvi, come le analoghe "cugine" del libro Transiti e Rivoluzioni Solari, non sono scritte nella Bibbia o nel Corano o in altri testi sacri, ma discendono soltanto dalla mia esperienza sul campo.
L'uso della formula di spiegazione di una certa situazione sotto forma di sentences, come direbbero gli anglo-americani, penso che vi permetta di girare alla larga da inutili sofismi, chiacchiere in libertà e fumose descrizioni che non approdano a nulla. A mezzo di esse voi potete inchiodare l'Autore alle proprie responsabilità: studiate il vostro cielo natale e quello dei vostri stretti familiari, negli ultimi cinque anni e verificate se le regole che seguono funzionano o meno.
Se le regole sono valide, avrete molte conferme e potrete consigliarle ai vostri amici e colleghi. In caso contrario vi suggerisco io stesso di bruciare questo libro.

1) La Rivoluzione lunare è, dal punto di vista della propria potenza operativa-espressiva, assai inferiore alla Rivoluzione solare entro la quale agisce.
2) La Rivoluzione lunare non può mai sovvertire le indicazioni generali della Rivoluzione solare che la contiene.
3) La Rivoluzione lunare può agire solo nel senso della modulazione (leggi il relativo capitolo) della Rivoluzione solare in corso oppure della valorizzazione di uno specifico aspetto della stessa, per quel determinato mese lunare preso in osservazione.
4) La Rivoluzione lunare ci aiuta moltissimo a datare gli avvenimenti all'interno della Rivoluzione solare in corso (confronta quasi 500 pagine di esempi contenuti nel mio Il

Grande Trattato di Astrologia, Edizioni Ricerca '90).

5) La Rivoluzione lunare mirata non può sostituire la Rivoluzione solare mirata: se il soggetto A non parte per una RSM e poi si pente, non può illudersi di surrogare l'effetto del mancato compleanno mirato con 12-13 compleanni lunari mirati.

6) Sfruttando l'effetto sinergia, come spiegato nei moltissimi esempi del mio libro Il Grande Trattato di Astrologia, Edizioni Ricerca '90, è possibile e utile, per un determinato mese, praticare una Rivoluzione lunare mirata, in sintonia con buoni transiti e con una buona RSM già effettuata, per ottenere, magari, in quel mese e non in un altro, ciò che più desideriamo da questa somma di spostamenti.

7) Chi può permettersela, in termini di denaro e di tempo a disposizione, può certamente ottenere splendidi risultati spostandosi per la RSM e per tutte le RLM comprese nella stessa.

8) La regola 7) è certamente vera, tuttavia va aggiunto che il più delle volte ciò è inutile, superfluo, ridondante, per le ragioni relative alle regole precedenti.

9) Anche una RL apparentemente terribile, non può provocare gravi danni se agisce all'interno di una RSM buona.

10) Anche una RL apparentemente meravigliosa, potrà ottenere pochissimi risultati se cade all'interno di una RSM debole.

11) Partendo dal contenuto della regola 9), potremo anche decidere di effettuare un compleanno lunare mirato piazzando, per esempio, un Ascendente di RL in dodicesima Casa natale, se ciò ci consente, contemporaneamente, mettiamo, di posizionare una bellissima congiunzione Venere-Giove in quinta: se ciò è previsto nella RSM in corso, detta congiunzione ci potrebbe portare un nuovo e felice amore, senza provocarci danni da ospedale, ma – forse – un semplice grosso raffreddore.

12) La lettura della Rivoluzione lunare è praticamente la stessa della Rivoluzione solare, fatte salve le regole già scritte, e il mio testo Transiti e Rivoluzioni Solari, Armenia editore, può aiutare il Lettore in ogni fase della sua interpretazione.

13) La Rivoluzione lunare, come la Rivoluzione solare, è sempre "mirata", anche quando si decide di restare nella città dove abitualmente si abita.
14) Anche per la RLM, come per la RSM, è sufficiente restare un minuto nel luogo del return, nell'istante del return lunare. Se non si è certi dell'ora di nascita, si può restare in quel luogo scelto da un'ora prima a un'ora dopo il momento del return. Restare in quel luogo 24 ore o un tempo diversamente lungo non ha alcun senso (confronta il mio testo scaricabile gratuitamente in rete Quattro cose sui compleanni mirati, Edizioni Ricerca '90).
15) Nel libro citato alla regola precedente si possono leggere diverse contestazioni che possono valere sia per le RSM che per le RLM e le relative mie risposte a queste.
16) Se la RLM va nella direzione esattamente opposta alla RSM che la contiene, il risultato cercato sarà pari quasi a zero. Per esempio, se noi abbiamo posizionato una stretta congiunzione Marte-Saturno in quarta Casa (ma io non lo farei mai!) e poi partiamo per una RLM per piazzare Giove e Venere nella quarta Casa di un cielo di compleanno lunare, magari per tentare di acquistare o di vendere bene un immobile, il risultato sarà quasi il nulla assoluto.
17) Vorrei tentare di spiegare meglio un concetto che non sempre risulta facile da comprendere, ma si tratta – effettivamente – di un argomento assai difficile. Mi riferisco al posizionamento, per esempio, di un Marte in quarta Casa di RLM. In tanti si rifiutano di fare ciò perché pensano di arrecare male ai loro genitori. Ciò non è possibile e se lo fosse dovremmo ammettere che, magari a mezzo della magia nera e con qualche spillone e bambolotto, potremmo liberarci da qualche persona ostile... In effetti noi aumentiamo il nostro personale ascolto nei confronti dei problemi dei nostri genitori, ma non i problemi in quanto tali. Lo stesso dicasi, all'inverso, per una Venere in quarta. Ciò detto, se io avessi ancora i genitori e potessi farlo senza forti danni da altre parti, la Venere in quarta la piazzerei...
18) Come per le RSM, anche le RLM possono aiutarci

parecchio per la correzione della nostra ora di nascita. Infatti, a distanza di un mese, non vi sembra che qualsiasi astrologo sarebbe in grado di capire se il Marte di RL gli è caduto in terza o in quarta?

19) Tuttavia ricordate che una rondine non fa primavera e il mio consiglio per la rettifica dell'ora di nascita passa per il protocollo da me illustrato nelle prime cento pagine del testo Il Grande Trattato di Astrologia, Edizioni Ricerca '90. Dunque, posizionare un astro in cuspide in una RLM ci può aiutare molto, ma tali indicazioni – a mio avviso – dovrebbero essere aggiunte e non sostituite al protocollo in oggetto.

20) In questo testo troverete l'esempio di miei due compleanni lunari mirati in volo (per ragioni non volute da me) che mi sono serviti (e potrebbero servire anche a voi) nell'uso delle RLM per la rettifica dell'ora di nascita.

CAPITOLO 3

DUE ESEMPI PARTICOLARI DI LETTURA DI ALTRETTANTE RIVOLUZIONI LUNARI

La prima è quella del return di Venezia all'inizio di gennaio 2021 che segnò, contemporaneamente, lo start del progetto MyAstral a Dubai e la mia non grave infezione da Covid-19. Osserviamo prima la RSM che la contiene: Liuepaja, Lettonia, 16 luglio 2020.
Ecco alcuni punti prioritari della stessa:

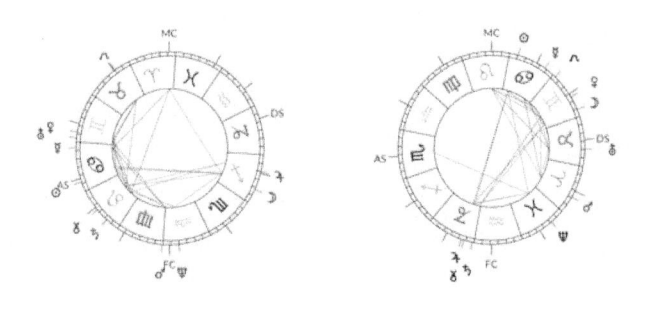

1) La cuspide di Venere tra settima e ottava Casa è, certamente, una delle mie posizioni preferite, ma dopo la cuspide dello stesso astro tra quinta e sesta o tra sesta e settima. Essa ci parla di un possibile accordo-contratto e anche di un compenso economico che ne discende. Infatti tale RSM mi portò prima l'interesse da parte di un investitore arabo e poi il contratto di vendita del mio software Astral/Aladino che si sarebbe trasformato, in seguito, in quel gioiello che è MyAstral, voluto fortemente dal co-founder del progetto, Chiara Barbaro, per creare un punto di riferimento mondiale dell'Astrologia

Attiva, con sede a Dubai.
2) Il Sole in nona Casa: tutto l'impegno relativo a detto progetto, a partire da dicembre 2020.
3) Ascendente, Marte e Nettuno in quinta Casa. Qui si può cogliere, in modo marcato, la differenza interpretativa di una RS/RL a mezzo di una visione colta e non elementare. Infatti, come spiegato più volte nei miei testi, Marte non è solo sinonimo di disgrazie, ma anche di "**impegno**". E questo spiega, per esempio, perché tante volte nelle mie RSM che sono tutte pubbliche, da sempre, io scelgo di posizionare tale astro guerriero in decima. In questo caso qui esso ha significato due cose, sostanzialmente: l'impegno di Daniela, che per prima lanciò l'idea del progetto (molti pensano che la moglie sia solo in settima, ma è anche in quinta) e l'impegno di Chiara Barbaro che è un'allieva che ho seguito dal primo giorno come una figlia e che riguarda sempre la mia quinta Casa. Senza l'impegno di Chiara Barbaro e anche il mio nei suoi confronti, detto progetto non sarebbe mai partito. Lo stesso dicasi per Nettuno inteso come pathos ovvero sempre come tanto impegno.
4) Il potente stellium in terza Casa: in quei dodici mesi realizzai cose piuttosto importanti a livello sia di pubblicazioni che di corsi di Astrologia. E questo fu certamente uno dei motivi principali della scelta di Liepaja.
5) Urano nella sesta Casa: fu soprattutto un "colpo di scena" nel mio lavoro che, da quel momento, si diresse praticamente a tempo pieno nella realizzazione di MyAstral, la nuova straordinaria release di Aladino, assai più potente di Aladino. Ma fu anche l'infezione da Covid-19. Quest'ultima fu lieve e quasi asintomatica, ma non trascurabile del tutto.
Vediamo adesso la Rivoluzione Lunare Mirata di Venezia del 10 gennaio 2021:

MyAstral

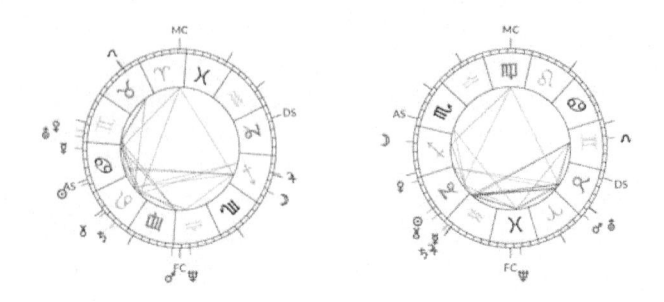

1) Come sempre essa si mise a funzionare subito. C'erano stati dei contatti con Dubai, ma tutto era solo a livello di un possibile progetto futuro. In quella lunare, durata poche ore, mi accompagnò Daniela, mia moglie. La sera prima faceva molto freddo a Venezia, una Venezia quasi deserta per la pandemia. Durante la notte mi salì la febbre, ma né io né Daniela sospettavamo l'infezione da Covid-19 perché non eravamo stati in contatto (così credevamo) con persone positive. Presi della tachipirina e, siccome la mattina dopo, presto, non avevo febbre, ripartimmo, sempre con la mascherina FFP2 e con tutte le precauzioni che avevamo sempre usato. Giunti a Milano la febbre mi tornò e sapemmo anche che la nostra collaboratrice domestica era ammalata di Covid-19. Feci un tampone e risultai positivo. La febbre mi durò un paio di giorni, non ebbi altre manifestazioni patologiche e circa dieci giorni dopo ero nuovamente negativo. Nel frattempo, nei due-tre giorni successivi al return di Venezia, si realizzò anche l'accordo con Dubai. Come si può vedere dal grafico, anche in questa RL, come nella RS, troviamo sia l'Ascendente che Marte in quinta Casa, a dimostrazione di quanto scrivo nei miei libri da oltre mezzo secolo. Anche Urano era in quinta, ma cuspide sesta: l'inizio della patologia che non ebbe gravi

conseguenze come purtroppo avvenne per amici ed amiche che non erano riusciti a proteggersi con una buona Rivoluzione Solare. Lo stellium "esagerato" di sei astri in seconda Casa fu anch'esso da manuale e l'ho già spiegato. Direi nient'altro da segnalare se non ripetere che tale RLM fu da manuale e non avrebbe potuto essere diversamente.

Vediamo, adesso, la mia RLM per Boston del 30 settembre 2022, ma partendo dalla RSM di Moramanga, interno della giungla, a qualche centinaio di chilometri a est di Antananarivo, Madagascar, il 17 luglio 2022:

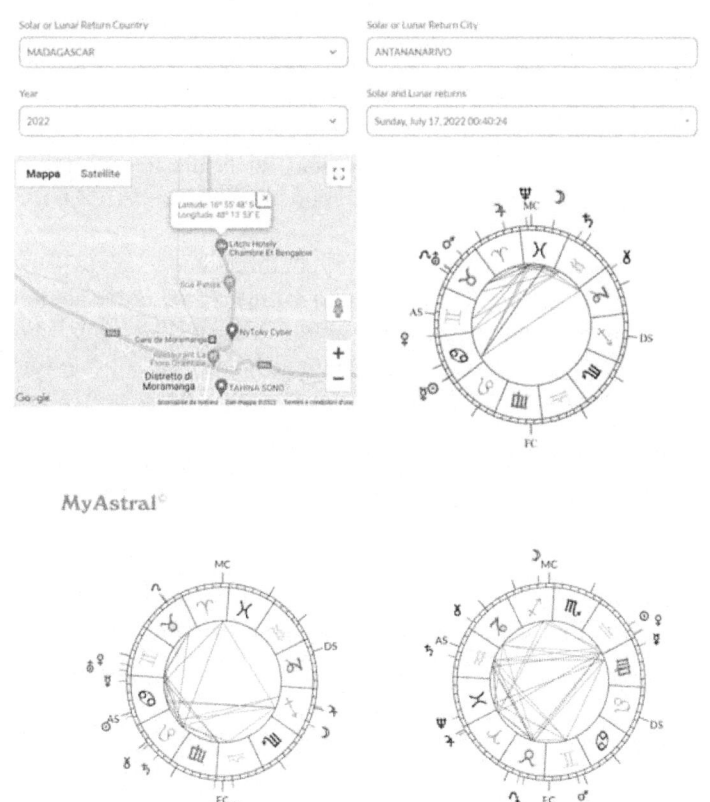

Come si può vedere da quest'ultimo grafico qui riprodotto e che è stato anche oggetto di studio approfondito nel mio libro "50 Rivoluzioni Lunari, per capire meglio", utilizzando quel fantastico strumento di ricerca che è il "Maps di MyAstral", io riuscii ad evitare che Urano cadesse in cuspide 11/12, che l'Ascendente di RS cadesse in cuspide dodicesima radix e mantenendo le ottime posizioni di Giove in decima e di Venere in prima.

Torniamo alla RLM di Boston del 30 settembre 2022 che è particolarmente interessante perché illustra, ancora una volta, due regole importanti, tra le 34, ma soprattutto lo fa in relazione ad una RL e non ad una RS.

Come possiamo vedere, e tralascio gli altri significati che sono tutti noti e ripetibili, qui vi è una violazione assoluta di una delle 34 regole: quattro astri (Plutone, Saturno, Nettuno e Giove) sono tra la dodicesima e la prima Casa.

In una RS non mi sarei mai sognato di lasciarli così, ma – trattandosi di un RL – l'ho fatto, pur sapendo che avrei avuto dei problemi.

E gli stessi si sono presentati immediatamente.

Nel corso di quella lunare ho avuto, oltre ad altri fatti che non discuterò in questa sede, dei problemi gastrici per i quali ho dovuto prendere una dose abbastanza alta di gastro-protettori e ipotizzare anche una gastroscopia e, in più, dei giramenti di testa in coincidenza con abbassamenti di pressione.

In effetti non problemi gravi, ma neanche di poco conto. E qui la posizione di Venere in prima Casa nella RSM è stata decisamente di rilievo.

Ma è ancora più interessante il prosieguo della storia.

Infatti, circa ventotto giorni dopo, ho trascorso il mio return all'aeroporto di Arlanga, Stoccolma, e ho attivato la RLM che segue:

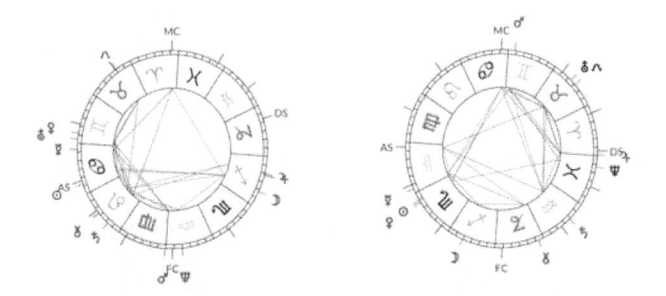

come si può comprendere dal grafico, anche qui la posizione fondamentale per la quale ero andato lì, Giove in cuspide sesta/settima Casa, ha funzionato immediatamente e già nei minuti dopo il return sono stato decisamente meglio e bene sia con lo stomaco che con la pressione del sangue.
Sono certo che molti diranno: si tratta solo di effetto placebo!
E chi crede questo può credere tutto.
Non tenterò di convincerli. Per quelli che desiderano ragionare, invece, aggiungerò poche altre osservazioni.
In primo luogo ho scoperto quale sostanza mi aveva procurato detti abbassamenti di pressione e, non assumendola più, ho avuto anche la regressione praticamente totale di detto problema.
In seconda analisi, essendomi disciplinato molto di più nell'alimentazione ed evitando per circa un mese gli alcolici, sono stato bene con lo stomaco, ma mi sottoporrò ugualmente a visita medica per tale problema.
Anche qui qualcuno commenterà che è stata la dieta e non la RLM a risolvere il problema e anche in detta circostanza non farò commenti inutili.
In ultimo, ma non per importanza, vorrei osservare che nella RLM di Boston vi era anche un Giove in cuspide prima/seconda Casa che fa scegliere tale pseudo-scudo a vari astrologi che non desiderano partire: ancora una volta si è dimostrato che tale pseudo-protezione è solo pseudo e per nulla una protezione.

CAPITOLO 4

DUE NUOVI PASSAGGI A NORD-OVEST

Il primo passaggio a nord-ovest

Ecco cosa scrissi sui social in data 9 novembre 2022:

Un nuovo importante upgrade gratuito di MyAstral

Il nostro team informatico, con a capo lo straordinario Stefano Briganti, ha partorito un nuovo splendido gioiello che si aggiunge agli altri cammei del tesoretto di MyAstral: il "Maps di MyAstral" nella sua versione più completa e probabilmente definitiva!
Pochi tra voi, nel 2004, ebbero il privilegio di usare "Aladino Google Earth" che poi fu bloccato dal fatto che il colosso di Mountain View staccò la spina agli sviluppatori del suo satellite adibito alle più diverse implementazioni informatiche ad indirizzo geografico. Oggi, a distanza di 18 anni, MyAstral è lieta di annunciare una nuova versione, assai potenziata, di quel prodigio informatico-astrologico.
"MyAstral Maps" permette, da subito, a tutti gli abbonati (senz'alcun costo aggiuntivo di abbonamento) di effettuare illimitate ricerche sul territorio.
Si può partire da una ricerca libera su tutta la superficie del mondo (schermata iniziale), ma è anche possibile – e questo è certamente l'uso più performante di tale tool – andare a "interrogare" ogni singolo metro di territorio alla ricerca della migliore Rivoluzione Solare o della migliore Rivoluzione Lunare o della migliore Rilocazione. E se la cosa può sembrare poco interessante quando si deve scegliere tra due città vicine e a latitudini poco elevate, le ricerche diventano meravigliosamente rispondenti quando ci troviamo a latitudini alte e in territori extraurbani.
In questi casi, chi segue la nostra scuola, sa che deve lavorare sulle cuspidi e non quelle descritte su Topolino, ma quelle che

prevedono la misura di 2,5 gradi di circonferenza. In molti casi cerchiamo di far cadere un astro dentro una cuspide e in altrettante situazioni noi desideriamo far uscire un astro dallo spazio di una cuspide.

Il nostro Maps, allora, è davvero insostituibile: non solo perché sappiamo che ci possiamo fidare a livelli altissimi di precisione dei calcoli, ma anche – e soprattutto – perché le nostre ricerche possono avvenire interattivamente, in tempo reale, leggendo il valore delle cuspidi e osservando anche il colore degli astri disegnati: il rosso indica gli astri in moto diretto, il blu ci mostra i pianeti retrogradi e il verde ogni astro che è in cuspide!

Ma le meraviglie di questo software non si fermano qui e MyAstral ha voluto esagerare, strafare addirittura: mettiamo che vorreste verificare se un piccolo hotel all'interno dell'Islanda e lontanissimo da ogni città vada bene per un vostro *return*, vi basterà semplicemente inserire il nome di detto albergo, per esempio Fosshótel Stykkishólmur, e il nostro *Maps* ve lo visualizzerà immediatamente e vi consentirà di verificare "al millesimo" se esso va bene o no per tale *return*.

Si può chiedere di più relativamente all'Astrologia Attiva? A nostro parere no, ma ovviamente sappiamo che tutto ciò non interessa a tantissime persone e per noi va bene così.

Adesso facciamo un esempio pratico di utilizzo di esso.

Partiamo dai dati di nascita del neo re d'Inghilterra, Carlo III, nato a Londra il 14 novembre 1948, alle 21 e 14 minuti.

Come molti sanno, il figlio di Elisabetta II è da sempre assai interessato alle tematiche cosiddette esoteriche, alla medicina omeopatica, alle coltivazioni biologiche e via dicendo e dunque non ci sorprenderemmo affatto fra pochi giorni dovesse festeggiare il proprio compleanno lontano da Londra, per evitarsi Marte in dodicesima Casa e anche l'Ascendente in dodicesima Casa (anche se all'inizio delle nostre scoperte i colleghi inglesi, come quelli di tutto il mondo, avversarono tantissimo le stesse, adesso hanno abbracciato quasi in toto le medesime). Per chi capisce qualcosa di Astrologia Attiva, non sarà affatto difficile comprendere il perché di un suo probabile spostamento, ma – intanto – proviamo, come puro esercizio teorico, a voler studiare il suo prossimo compleanno partendo dalla scelta di posizionare Giove nella sua decima Casa di Rivoluzione Solare. Già a mente e senz'alcuna difficoltà ci è chiaro che il Sovrano dovrebbe recarsi nella zona di mondo a ridosso delle isole Svalbard, Norvegia, poco più giù del Polo Nord.

Sì, ma dove? E, soprattutto, ci potremo fidare a ipotizzare una carta del cielo a simili latitudini geografiche?
Con il "MyAstral Maps" sì, sicuramente.

Ed ecco la soluzione che potete vedere sul grafico qui proposto (a Jan Mayen non sarebbe possibile perché Marte resterebbe in dodicesima Casa e l'Ascendente di RS resterebbe in prima radix, ma molto più a nord di Jan Mayen l'operazione sarebbe fattibile).

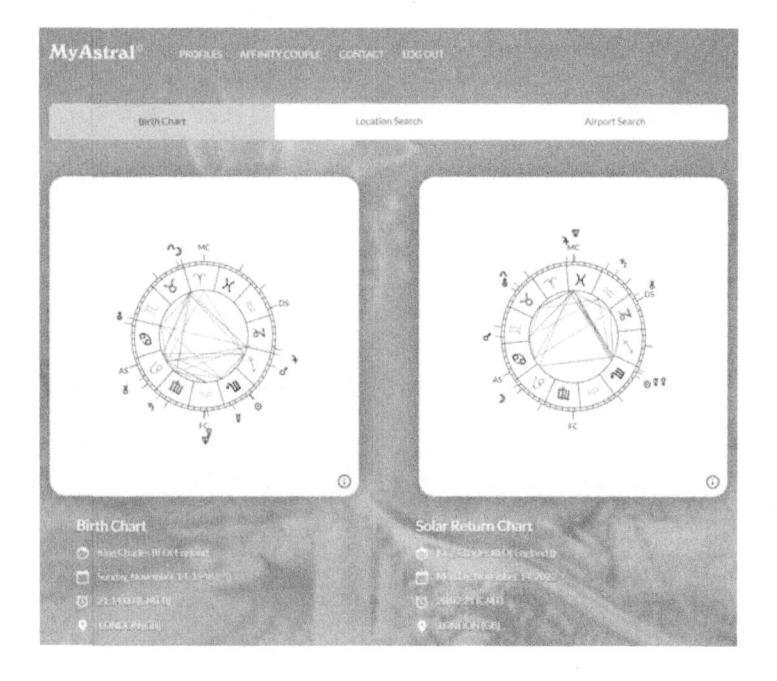

23

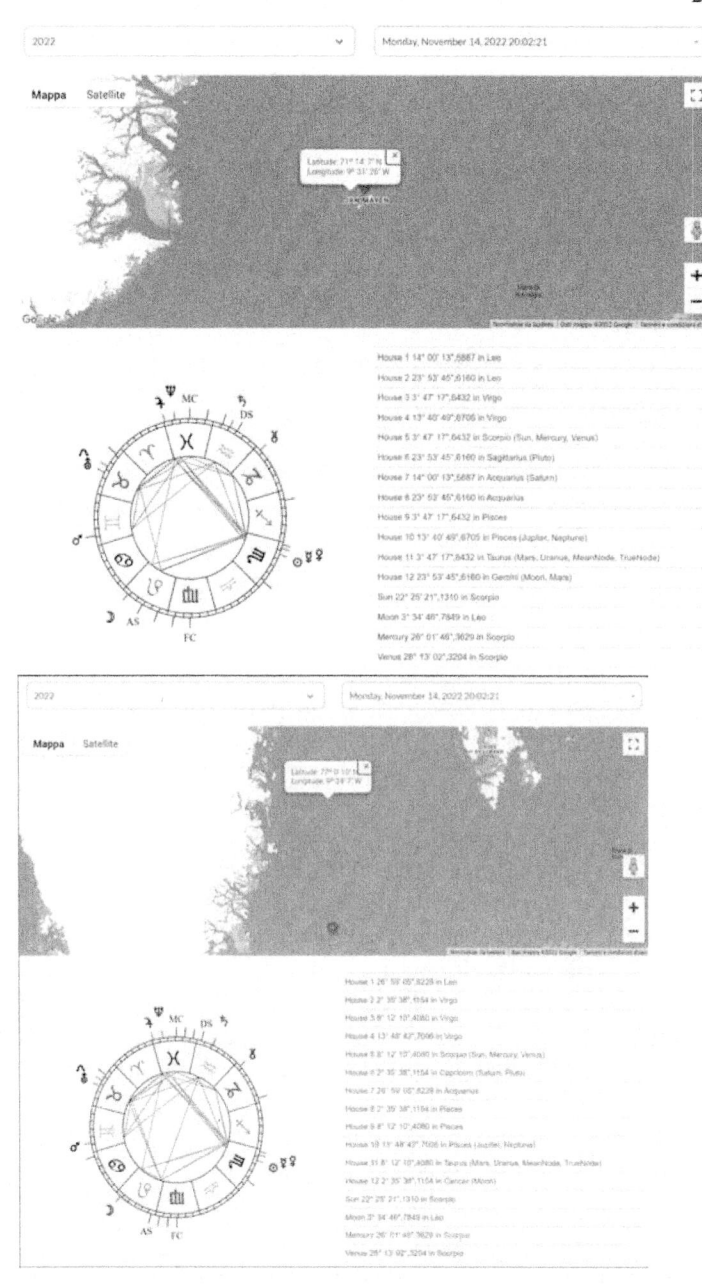

| 2022 | Monday, November 14, 2022 20:02:21 |

Mappa Satellite

Latitude: 71° 14' 3" N
Longitude: 9° 31' 26" W

House 1 14° 00' 13",5887 in Leo
House 2 23° 53' 45",6160 in Leo
House 3 3° 47' 17",6432 in Virgo
House 4 13° 40' 49",6705 in Virgo
House 5 3° 47' 17",6432 in Scorpio (Sun, Mercury, Venus)
House 6 23° 53' 45",6160 in Sagittarius (Pluto)
House 7 14° 00' 13",5887 in Acquarius (Saturn)
House 8 23° 53' 45",6160 in Acquarius
House 9 3° 47' 17",6432 in Pisces
House 10 13° 40' 49",6705 in Pisces (Jupiter, Neptune)
House 11 3° 47' 17",6432 in Taurus (Mars, Uranus, MeanNode, TrueNode)
House 12 23° 53' 45",6160 in Gemini (Moon, Mars)
Sun 22° 25' 21",1310 in Scorpio
Moon 3° 34' 46",7849 in Leo
Mercury 26° 01' 46",3629 in Scorpio
Venus 28° 13' 02",3204 in Scorpio

| 2022 | Monday, November 14, 2022 20:02:21 |

Mappa Satellite

Latitude: 77° 0' 10" N
Longitude: 9° 39' 7" W

House 1 26° 59' 05",8228 in Leo
House 2 2° 35' 38",1154 in Virgo
House 3 8° 12' 10",4080 in Virgo
House 4 13° 48' 42",7006 in Virgo
House 5 8° 12' 10",4080 in Scorpio (Sun, Mercury, Venus)
House 6 2° 35' 38",1154 in Capricorn (Saturn, Pluto)
House 7 26° 59' 05",8228 in Acquarius
House 8 2° 35' 38",1154 in Pisces
House 9 8° 12' 10",4080 in Pisces
House 10 13° 48' 42",7006 in Pisces (Jupiter, Neptune)
House 11 8° 12' 10",4080 in Taurus (Mars, Uranus, MeanNode, TrueNode)
House 12 2° 35' 38",1154 in Cancer (Moon)
Sun 22° 25' 21",1310 in Scorpio
Moon 3° 34' 46",7849 in Leo
Mercury 26° 01' 46",3629 in Scorpio
Venus 28° 13' 02",3204 in Scorpio

Ovviamente per un re e per un re che non governa una monarchia delle banane, raggiungere quel punto preciso dell'oceano con una nave o con un aereo, è cosa di facile attuazione...
Molti auguri, Maestà!

Penso che non ci sia bisogno di ulteriori commenti.

Vediamo, adesso, il secondo "passaggio a nord-ovest"

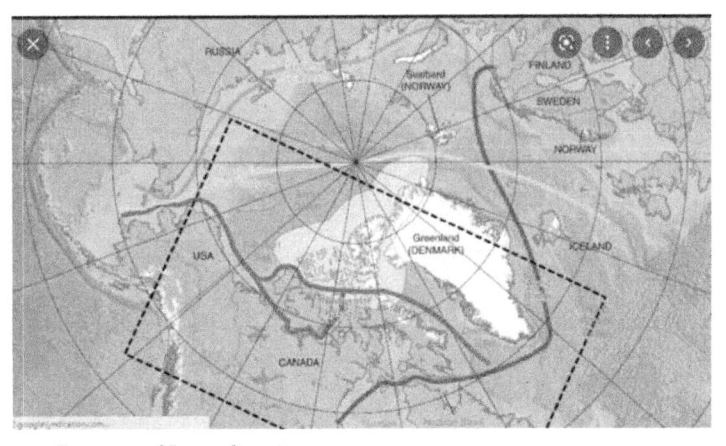

Courtesy of Iconaclima.it

Non è proprio della stessa importanza di quello che l'esploratore norvegese Roald Amundsen scoprì nel 1906 e che permise, attraversando l'arcipelago artico del Canada di segnare una rotta che permettesse a qualunque nave di raggiungere l'oceano Pacifico, passando dall'oceano Atlantico e risparmiando oltre 4000 chilometri evitando il canale di Panama, ma si tratta pur sempre di una tappa importante nella storia delle esplorazioni.
Sono diversi decenni che ho suggerito a molte persone località interne ed "estreme" in Islanda e io stesso sono stato ben tre volte a Bíldudalur, una delle propaggini più nord-occidentali dell'Islanda.

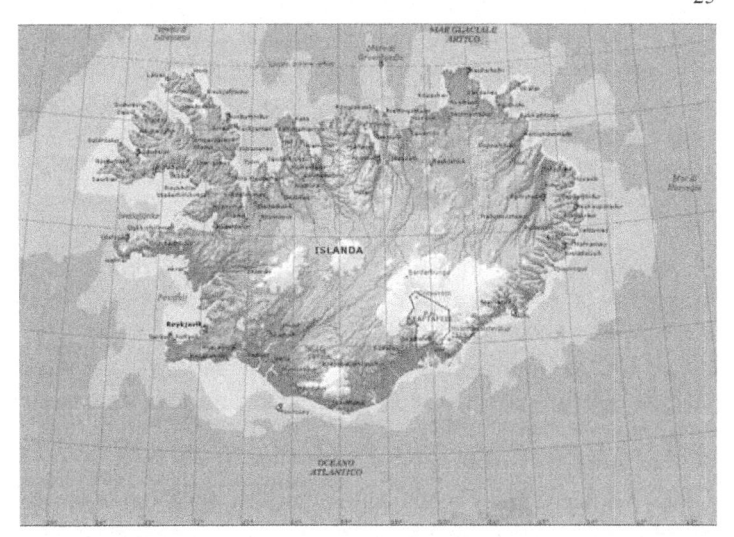

Ma sia io che tutti quelli che hanno ascoltato i miei consigli, abbiamo dovuto raggiungere dette località con grande stress fisico e in modo tutt'altro che economico, soprattutto a mezzo di piccoli Fokker che partono dall'aeroporto dei voli domestici di Reykjavík, al centro della bellissima città islandese.
Si tratta di voli piuttosto costosi e che talvolta effettuano queste tratte in condizioni climatiche da brivido: perfino in piena estate mi è capitato di volare su piccolissimi aerei "fortemente sospinti da raffiche intensissime di vento, a pochi metri da creste di montagne innevate".
Altri viaggiatori attivi hanno scelto, da decenni a questa parte, l'alternativa dei taxi che probabilmente in Islanda costano di più che in ogni altra parte del mondo: parliamo di 1000-2000 euro a viaggio.
Ed ecco in cosa consiste il "passaggio a nord-ovest" trovato da Daniela Discepolo Boscotrecase.
Naturalmente, chiamandolo così, ho un poco esagerato, ma – a conti fatti – neanche tanto.
I fatti.

Ad ottobre e a novembre 2022 Daniela si è recata nel nord e nell'interno dell'Islanda, in due punti di territorio assai lontani dai centri abitati, per due diverse RLM, e ha utilizzato, per detti viaggi, normali autobus di linea.

Tutto qui?

Sì, ma non è stata affatto una passeggiata e il know-how raggiunto da lei e messo a disposizione di tutti è, a mio parere, davvero un "nuovo passaggio a nord-ovest".
Lei ha deciso che redigerà un racconto dettagliato di detti due viaggi, ma io posso anticiparvi la straordinarietà di un tale percorso.

1) Giungere a Reykjavík da qualunque città del mondo non è proprio semplicissimo, ma ultimamente esistono perfino voli diretti se si ha la fortuna di vivere in città come Milano.
2) Una volta giunti a destinazione, come sanno benissimo tutti i viaggiatori che sono atterrati all'aeroporto di Keflavík, occorre prendere un autobus e recarsi, a mezzo di un viaggio di quasi un'ora, in un'area vastissima, fuori dalla città di Reykjavík, per prendere uno dei tantissimi autobus che partono da lì e che da lì raggiungono soprattutto i vari punti della capitale.
3) L'hub, invece, dove si prendono le autolinee che vanno in ogni punto vicino o lontano dell'Islanda, è altrove e quindi vanno presi, con un piano preciso perché quel territorio non permette soste occasionali all'aperto, in nessun periodo dell'anno, anche due autobus, ma non per giungere a destinazione, bensì solo per portarsi al punto di partenza del proprio viaggio…
4) Lì, avendo studiato un esaustivo foglio Excel di tutti gli orari e di tutti gli autobus che collegano tra loro, a mezzo di "combinazioni a K a K" i punti più diversi dell'isola-nazione, a mezzo della compagnia Strætó, occorre attendere il proprio mezzo che non porterà a destinazione, nel 90% dei casi, ma che permetterà di raggiungere il secondo step di un simile

viaggio, un po' come con le diligenze con cui gli antichi cowboy si spostavano a tappe tra gli sterminati territori del "selvaggio ovest".
5)   Infatti, poi, dopo qualche ora di viaggio, occorre scendere alla fermata giusta, anche in piena tempesta di vento e di ghiaccio, e attendere, in una specie di Autogril, la "corriera" successiva che può giungere anche a distanza di ore. Tra l'altro alcune linee non fanno servizio giornaliero e quindi vanno conciliati i voli con le combinazioni di autobus.Quest'ultima non sarà, forse, quella finale e si dovrà ripetere tale step una o più volte prima di giungere a destinazione che, in molti casi, sarà un "punto sperduto in mezzo al nulla assoluto" (infatti in alcuni casi le fermate sono agli incroci delle strade statali).
6)   Qui, a mezzo appuntamento telefonico, qualcuno di buon cuore (il titolare dell'lbergo o del bed and breakfast) preleverà il passeggero così coraggioso e lo porterà all'interno di un albergo ben riscaldato.
Ripeto. Molti minimizzeranno, ma io posso testimoniare che in oltre mezzo secolo di viaggi avventurosi, nessun mio allievo o cliente ha mai seguito questo tipo di viaggio che ha il merito grandissimo di permettere spostamenti difficilissimi con l'equivalente di 50 euro, al posto dei 2000 che costerebbe solitamente un taxi.
Io considero ciò, sicuramente, un passaggio a nord-ovest.

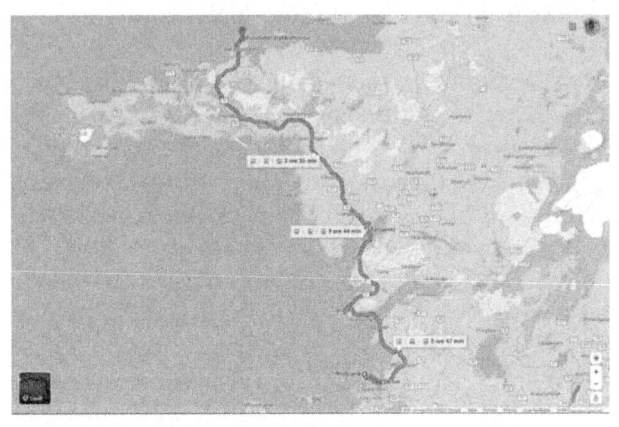

CAPITOLO 5
LE CASE DI RIVOLUZIONE

Nota importante: in alcune delle prime pagine che seguono ho desiderato sottolineare qualcosa che troverete scritto in diverse altre mie pubblicazioni, ma non in modo "organico" come qui. Mi riferisco a quella che, secondo la mia esperienza, è la giusta collocazione dei nostri parenti (padre, madre, suoceri, figli, figli di figli..., etc.) nelle giuste Case.

Ascendente di Rivoluzione in prima Casa radicale o stellium o Sole in prima Casa di Rivoluzione.

Qui occorre spiegarci bene. Già in altre mie pubblicazioni, e soprattutto nel Trattato pratico di Rivoluzioni solari, ho tentato di spiegarmi al meglio, ma o non sono stato chiaro io o non hanno compreso bene i miei lettori. Allora, adesso, ritenterò, enfatizzando ulteriormente i significati di questa posizione, sperando che, gridando di più, io possa essere compreso ed ascoltato. Secondo la mia esperienza la dodicesima, la prima e la sesta Casa sono tre settori pericolosissimi nella Rivoluzione solare, dannosissimi, quasi allo stesso livello. "Quasi allo stesso livello" vuole significare che se la dodicesima vale cento punti di negatività, la prima e la sesta ne valgono novantotto. Ecco, così stanno le cose. Invece, precedentemente, io sono stato parecchio frainteso tanto che dei miei allievi o lettori mi hanno segnalato di essere contenti di aver evitato un Ascendente in dodicesima Casa che invece sarebbe capitato in prima: vi assicuro, allo stato pratico, non vi è proprio alcuna differenza tra la malvagità di una dodicesima Casa e quella di una prima o di una sesta. Tutte e tre sono esiziali, micidiali, assai negative. Non mi dilungherò sulla questione della presunta crescita che ne avremmo e dunque sulla bontà di questi settori, avendone già dibattuto in altra parte del libro ed in altri miei testi. Mi soffermerò, invece, sui significati di tanta malvagità. Allora, data per scontata la portata negativa e pericolosa di tali Case e, sperando che questa volta sia stato più chiaro delle altre, passo a cercare di eliminare un altro equivoco importante. Più volte, infatti, ho spiegato che gli effetti deleteri di questo settore intercettato o dall'Ascendente o da uno stellium o dal Sole di Rivoluzione, sono da registrare soprattutto a livello di salute. Ma anche qui sono stato frainteso. Molte volte, infatti, mi è capitato che un consultante si sia fortemente meravigliato di constatare che, ad un anno esatto dalle mie previsioni, egli abbia riscontrato non un problema di salute, ma la terribile condizione di "essere stato lasciato o tradito dalla sua donna". E di cosa si tratta, allora, se non di salute? Come pensate che si sentano un uomo o una donna che sono stati abbandonati dalla persona amata? Come in un inferno! Ed è esattamente così che fa sentire questa Casa: sia che stiamo parlando di persone abbandonate dal partner, sia che stiamo parlando di politici incriminati che perdono il potere, che di imprenditori che finiscono sottosopra da un punto di vista economico, sia che stiamo parlando di ragazzi bocciati a scuola, che di sportivi feriti in un incidente o di malati di tumore e di infarto: cosa cambia? A valle troviamo soltanto sofferenza, tanta, tantissima sofferenza. Allora desidero ripeterlo ancora una volta, sperando che sia quella buona: la prima Casa, come la dodicesima e la sesta, rappresenta il caleidoscopio di tutte le possibili disgrazie che possono capitare ad un soggetto, prove a trecentosessanta gradi, a tutto campo, nessuna esclusa, dai problemi d'amore, a quelli economici, a quelli di giustizia e di carcere, a quelli di scandalo, a quelli di malattie somatiche, a quelli di gravi depressioni e chi più ne ha più ne metta. Salute si deve intendere sia sul piano fisico che psichico e la depressione non fa meno male di un carcinoma. I motivi di sofferenza possono essere i più diversi possibili e tendono ad abbracciare tutto l'universo della sofferenza umana, senza saltare neanche un solo problema, dai reumatismi alla disperazione che porta al suicidio. Ecco perché nessuno dovrebbe dire, in tal senso, "Non me ne preoccupo perché ho la salute buona!". Qui la salute c'entra fino ad un certo punto perché in caso di grande dispiacere non saranno il colesterolo o la glicemia a risentirne, ma la disperazione personale che può portare danni ben più gravi. Ciò detto è pur vero che nella maggioranza dei casi si può trattare di un problema fisico e basta, come di una artrosi che progredisce, di un problema ai denti, di un calcolo renale da espellere, di una epatite virale, di un soffio al cuore o di qualunque altro malanno. Talvolta, e non raramente, la suddetta posizione si riferisce ad un intervento chirurgico da affrontare tra compleanno e compleanno, intervento che può essere banale, come l'operazione al setto nasale deviato, o importante: un by-pass al cuore, un trapianto di fegato o di rene, l'asportazione di un carcinoma. Anche le lunghe convalescenze vengono intercettate in tale territorio, dalla ripresa dopo un intervento alla chemioterapia protratta per lunghe settimane. Quando la prima Casa si esprime al positivo, ma sono casi assai rari, essa può indicare una gravidanza, che modifica fortemente il corpo. Lo stesso dicasi per un notevole ingrassamento o dimagrimento del soggetto, per una modificazione sostanziale del suo aspetto fisico, a seguito di una operazione di chirurgia plastica o di grosse modifiche al suo look ottenute agendo sulla barba, sul taglio e sul colore dei capelli, sui baffi, sull'abbronzatura della pelle. Infine, parlando di salute, dobbiamo abbracciare anche, un po' impropriamente, l'aspetto caratteriale di un soggetto: l'essere più o meno introverso, il diventare più aperto o più musone, il registrare un maggiore pessimismo o un'ipocondria che prima non c'era, il mostrarsi più o meno aggressivo e via dicendo. Ma, insisto, tutte queste forme "assolutorie" di espressione della prima Casa cui ho accennato, non possono fornire alcun alibi plausibile: la prima Casa è sostanzialmente assai negativa e pericolosissima. Naturalmente, qui come altrove, vale una regola fondamentale: se il soggetto ha quindici anni, le probabilità di un tumore o di un infarto per lui saranno remotissime, ma se lo stesso ha quarant'anni e più, le probabilità crescono esponenzialmente ed i pericoli altrettanto. Da ciò deriverei la regola che quando non si è più ragazzi e, man mano che si invecchia, un Ascendente o uno stellium o un Sole in prima, nella Rivoluzione solare, sono davvero esiziali.

Ascendente di Rivoluzione in seconda Casa radicale o stellium o Sole in seconda Casa di Rivoluzione.

I significati sono prevalentemente economici. Tale posizione, tradotta in poche parole, significa maggiore circolazione di denaro, ma sia in entrata che in uscita. Questo vuol dire che il soggetto potrà guadagnare molto di più, avere più beni a disposizione, accedere a maggiori risorse economiche oppure registrare una vera e propria emorragia di denaro. Di solito è più frequente il secondo caso ed anche qui mi aspetto una levata di scudi da parte di molti lettori che protesteranno: "Ma perché ci devono essere o supporre più fatti negativi di quelli positivi?". La colpa non è mia: provate a fare delle ministatistiche: per ogni soggetto che vince al totocalcio, quante persone si indebitano con le banche, con i parenti, con gli amici o con gli strozzini? È una mia invenzione che nel denaro, come in ogni altro settore della vita, per ogni persona che gioisce ce ne sono almeno mille che piangono? E vogliamo, allora, fare come gli struzzi e calare la testa sotto la sabbia oppure usare la demagogia per dire tutti assieme, come in un film di Frank Capra, che la vita è bella e meravigliosa? Sì, diciamolo pure, ma non dimentichiamo di dire che il numero delle disgrazie cui siamo esposti ogni giorno ed ogni anno è di gran lunga superiore a quello delle cose piacevoli che possono capitarci. Sarà pessimismo o forse semplicemente realismo, non mi interessa saperlo: qui io sto cercando di non barare con i miei lettori e tutte le eventuali accuse di pessimismo non mi toccano più di tanto. Allora, dicevo, sicuramente tante più uscite che entrate, con le dovute eccezioni. Quali sono queste eccezioni? Beh, innanzitutto, i cieli natali di quei soggetti che, come Re Mida, qualunque cosa toccano riescono a far soldi, quelle persone che riuscirebbero perfino a vendere cavallette in Africa e frigoriferi in Alaska e a fare miliardi in qualsiasi modo, indipendentemente dal loro valore. Per costoro, per quelli che hanno dimostrato in passato di avere una fortuna sfacciata, a prova di qualsiasi crisi economica nazionale o mondiale, una seconda Casa importante nella Rivoluzione solare o lunare può significare sicuramente tanti soldi in entrata. Ma anche per coloro che ricevono dei transiti buonissimi contemporanei ed un insieme altrettanto positivo di valori complessivi della Rivoluzione solare. Oppure per coloro che sanno, per motivi certi, di dover incassare del denaro, per esempio coloro che hanno messo in vendita un appartamento e che, anche se ne ricaveranno meno del dovuto, comunque riceveranno una pioggia di milioni. Lo stesso dicasi per chi ha maturato una liquidazione, è in attesa di una eredità già maturata, sa per certo di ricevere una donazione e via dicendo. Negli altri casi la prudenza non sarà mai troppa: con una simile posizione, per esempio, se iniziate dei lavori in casa e pensate di spendere dieci, facilmente spenderete cinquanta o cento. L'unico sistema per difendersi rispetto a questo step, quando vi sono motivi obiettivi di timore, è quello di chiudere drasticamente i rubinetti di uscita di qualunque spesa superflua. Ma l'antagonizzazione dei transiti e delle posizioni della Rivoluzione solare o lunare non rappresenta l'oggetto di questo libro che è diretto a tutti e non solamente a chi mi segue relativamente all'Astrologia Attiva. Questi ultimi potranno trovare maggiori notizie in altri miei libri come Il sale dell'astrologia e Il trattato pratico di

Rivoluzioni solari, Esercizi sulle Rivoluzioni solari mirate, Astrologia Attiva, I simboli planetari. In altri casi abbiamo che tale settore può funzionare molto sull'aspetto, sull'immagine relativa al soggetto. Per esempio abbiamo che in quell'anno o in quel mese il soggetto acquista improvvisa visibilità perché partecipa ad una o più trasmissioni televisive o la sua foto compare sul giornale. Altre volte egli cambia look e comincia a vestire classico al posto di casual, con giacca e cravatta, o viceversa. Oppure si fa crescere la barba, si taglia i baffi, schiarisce il colore dei capelli oppure li taglia, si fa una plastica al viso, dimagrisce o ingrassa fortemente, fa ginnastica e sviluppa i muscoli, toglie o mette gli occhiali o le lentine a contatto e via dicendo. Altre volte si tratta dell'inizio di un passione fotografica o cinematografica, l'acquisto di un televisore nuovo, uno schermo ad alta definizione per il computer, un videoregistratore costoso, un'attrezzatura per la camera oscura, un'attrezzatura informatica per la grafica al computer. Il soggetto fa un corso di CAD (grafica assistita al computer) oppure di disegno e grafica pubblicitaria, di stilismo, su Photoshop, eccetera. Altre volte, infine, il soggetto si avvicina al teatro, al cinema, alla regia, alla scenografia, inizia una collezione poderosa di videocassette, si iscrive ad un cineforum, acquista tutte le riviste di cinema, legge le biografie degli attori. Attenzione anche ai furti, alle truffe, alle rapine, agli assegni in bianco, agli scippi, ai soldi prestati che non ritornano, ai prestiti che potremmo non essere in grado di restituire.

Ascendente di Rivoluzione in terza Casa radicale o stellium o Sole in terza Casa di Rivoluzione.

Potrà sembrare banale, ma è proprio così: la cosa più probabile che accadrà, tra compleanno e compleanno intercettati da tali posizioni, è l'acquisto o il furto di una macchina, di una moto, di un furgone, di un camion, di un pullman. Potrà anche trattarsi di lavori di riparazioni importanti, di guasti che ci coglieranno in viaggio, di possibili tamponamenti e, nei casi più gravi, quando altri elementi lo giustifichino, anche di incidenti abbastanza seri. Quasi sempre avremo parecchi viaggi o semplici piccoli e continui spostamenti nel corso dell'anno, un maggiore consistente pendolarismo per i motivi più diversi: di studio, di lavoro, per cure mediche, per amore, eccetera. Saranno possibilissimi dei corsi o degli studi, da parte nostra, sia come discenti che come docenti: corsi di lingue, esami universitari, seminari, stage commerciali, corsi per patente, per imparare ad usare il computer, eccetera. Inoltre, quasi certamente, il titolo a nove colonne sul nostro giornale di bordo, tra compleanno e compleanno (solare o lunare), sarà: fratelli, sorelle, cugini, cognati e nipoti, questi ultimi nel senso di figli di fratelli e di sorelle e non figli di figli (è incredibile la confusione al riguardo fatta dagli astrologi di ogni epoca e di ogni paese). Questi soggetti si candidano a diventare i protagonisti dell'anno e lo potranno essere sia in positivo che in negativo. Tutto dipenderà, ovviamente, dai transiti di base e dall'insieme della Rivoluzione solare. Se, per esempio, l'Ascendente di Rivoluzione cade in terza ed il Sole in dodicesima, allora dovremo temere dei dispiaceri relativi a tale argomento, dispiaceri che possono essere in rapporto ad una malattia dei nostri congiunti, ad una loro crisi finanziaria o sentimentale, ma anche ad un litigio tra noi e loro. In ogni caso essi saranno protagonisti, nel bene come nel male. Lo stesso dicasi per cognati e cugini. Se, invece, abbiamo, per esempio, un Sole in terza di Rivoluzione e un Ascendente in quinta radicale, allora potrebbe trattarsi di una maternità o di una paternità di un nostro caro. E via dicendo, per tutte le altre possibili combinazioni tra transiti e Rivoluzione solare o lunare. Non dimentichiamo, tuttavia, che le singole posizioni del tema natale possono darci ampi chiarimenti sulle tappe più importanti della nostra vita ed illuminarci anche per una singola Rivoluzione solare (se pensate che questo mio metodo sia efficace e degno di essere studiato, allora vi consiglio di studiare anche la mia Guida all'astrologia che nel 1998 dovrebbe conoscere la sua quarta edizione, quasi completamente aggiornata alla luce della mia esperienza attuale e che potrebbe aiutare anche gli astrologi esperti a riflettere meglio sulle posizioni del cielo natale e su tutti quegli argomenti dove costoro, a ragione, ritengono di essere già preparati, ma che comunque non verrebbero ad essere penalizzati se approfondissero tali argomenti alla luce di quella che potremmo chiamare la mia scuola: l'importanza della undicesima Casa nei lutti, il rapporto tra dodicesima Casa, sesta Casa e cecità, il binomio Cancro/informatica, il discorso sulla libido, l'importanza della dominante, eccetera). Nel corso dell'anno o del mese in oggetto, poi, è anche possibile che scriveremo qualcosa, che riceveremo l'offerta di una collaborazione giornalistica ad un giornale o ad una TV privata o ad una radio. Potremo cimentarci nella poesia o nella prosa, ma anche in un saggio relativo alle materie che più ci sono proprie. È anche possibile che faremo un acquisto importante nel campo delle telecomunicazioni, dal telefono cellulare, al cordless, al fax, all'attrezzatura per navigare in Internet, all'antenna satellitare. Nei casi peggiori è anche possibile che in quei dodici mesi la stampa si occuperà malamente di noi: uno scandalo ci riguarderà, un giornale ci attaccherà, un network monterà una campagna denigratoria nei nostri confronti... Possibili acquisti o danni relativi a stampanti. Nuovo programma di wordprocessor.

Ascendente di Rivoluzione in quarta Casa radicale o stellium o Sole in quarta Casa di Rivoluzione.

Uno degli avvenimenti maggiormente probabili, nel corso di questi dodici mesi, è una operazione importante da un punto di vista immobiliare, la quale, prevalentemente, potrà concretizzarsi in uno dei seguenti modi: compra-vendita di un immobile, trasloco tra una dimora ed un'altra e lavori di ristrutturazione all'interno di un habitat. Per quest'ultimo bisogna riferirsi sia all'ambiente domestico, dove si dorme, che a quello lavorativo, l'ufficio, il laboratorio, l'officina, sia che si tratti di una propria proprietà che di un ufficio pubblico: per esempio, per qualcuno può significare essere trasferito ad altro ufficio postale, ad altra agenzia di banca, eccetera. È davvero assai improbabile che non si verifichi nessuna di queste tre eventualità, anche se le stesse non sono assolutamente previste. Lo stesso dicasi, per le multiproprietà o per un camper, una roulotte, una casa di campagna, un garage e qualunque cosa, direttamente o indirettamente, possa essere associato al concetto di casa. Nei casi più banali potrà trattarsi semplicemente della verniciatura in cucina o nel bagno o della sostituzione delle persiane, di un nuovo impianto di riscaldamento, della costruzione di un soppalco, di un arredo nuovo in salotto e via dicendo. Se tutto ciò non avviene, allora è anche possibile che riceveremo una lettera di sfratto dal nostro padrone di casa oppure che un nostro inquilino ci darà grossi problemi. Inoltre potrebbe trattarsi di lavori allo stabile entro il quale è ubicata uno nostra proprietà oppure di tasse da pagare per la casa o, ancora, di danni ricevuti dalla stessa in seguito a terremoti, incendi ed altre calamità naturali e non. Problemi con altri condomini. Liti con il custode o con un vicino di casa. Nuovo vicino che ci disturba parecchio. Quando l'insieme dei transiti e della Rivoluzione solare o lunare è assai cattivo, allora si tratta di una posizione abbastanza pericolosa perché potrebbe indicare un nostro ricovero ospedaliero o, addirittura, una nostra carcerazione (ma per quest'ultima è più probabile vedere intercettata una Casa ottava o una dodicesima). Se la suddetta posizione si presenta insieme a valori di terza e soprattutto di nona, allora è probabile che cambieremo anche città, per un certo tempo o definitivamente: per tanti pubblici dipendenti, per insegnanti, impiegati bancari, eccetera, la suddetta posizione ci può informare, indirettamente, di un avanzamento di carriera. Possibile acquisto di un disco rigido importante o di un'altra unità di memoria di massa di grosse dimensioni per il nostro computer. Rischio di rottura degli stessi e danni dovuti alla perdita dei dati lì conservati. Possibile prima pagina dedicata ai nostri genitori in generale e a nostro padre (o a nostro nonno o a nostro suocero) in particolare. Se l'insieme della situazione è favorevole, allora potrà trattarsi di un loro momento magico, di un amore, di una guarigione da una malattia, di un successo professionale, eccetera. In caso contrario, invece, soprattutto se i nostri genitori sono anziani, allora dobbiamo temere che gli stessi possano stare assai male o addirittura, nei casi gravissimi, morire. A volte la suddetta posizione indica anche un litigio o dei rapporti tesi tra noi ed i nostri genitori. Tutte queste ultime considerazioni valgono anche per i nostri suoceri. Tutti i riferimenti relativi alle operazioni immobiliari, possono riguardare anche i nostri genitori. È possibile, infine, che riceveremo una eredità immobiliare nel corso del presente anno.

Ascendente di Rivoluzione in quinta Casa radicale o stellium o Sole in quinta Casa di Rivoluzione.

Spessissimo si tratta dell'inizio o della fine di un amore. Un anno o un mese in cui l'aspetto predominante sarà quello sentimentale, sia in positivo che in negativo e, come sempre, soltanto l'insieme dei transiti e della Rivoluzione solare o lunare potrà chiarirci se la cosa va letta in positivo o in negativo, ma ciò non deve farci pensare ad una estrema relativizzazione del problema che finisce per interdire ogni nostra possibilità solutiva dello stesso: le cose stanno abbastanza chiaramente perché se troviamo anche valori di prima, di dodicesima, di sesta Casa, e qui anche di ottava, allora vuol dire che soffriremo per un amore, che il nostro lui o la nostra lei ci lasceranno o ci tradiranno. Nel caso contrario si tratterà di eventi assai piacevoli e gratificanti in senso sentimentale, come un innamoramento, un amore, un nuovo amore, una situazione di più amori contemporanei (per coloro ai quali la cosa può piacere), eccetera. Nei casi gravissimi possiamo trovare anche la morte del coniuge che è comunque o dovrebbe essere il nostro Amore. In generale la Casa ci parla di maggiore attività ludica e ricreativa che vuol dire più cinema, più teatro, più concerti, più discoteca, più cene fuori, più week-end, più sesso, più viaggi, più gioco delle carte, della roulette, in borsa. A seconda dell'età del soggetto e della sua levatura culturale, del ceto sociale, delle possibilità economiche e di altro, potremo cercare di capire in che direzione si esprimerà l'attività ludica e ricreativa, la quale non ha praticamente confini, come insegnano coloro che hanno teorizzato sulla "fisiologia del piacere": si può godere infilando una zucca con un coltello appuntito o studiando la filosofia greca, passando per i videogiochi, le intercettazioni telefoniche, l'uso del computer, le macchine da corsa, gli scacchi, l'equitazione, gli sport in genere e perfino il lancio di sassi sulle macchine, dai cavalcavia. Non c'è praticamente confine al divertimento e l'unico che riusciamo ad individuare è quello costituito dal piacere: tutti i gusti sono gusti. Le considerazioni già fatte relativamente all'amore hanno pari valore qui ed è chiaro, per esempio, che se c'è una seconda Casa in evidenza, o anche un'ottava, è probabile che il soggetto spenderà parecchio denaro per il divertimento o ne perderà parecchio in speculazioni di borsa sbagliate. L'aspetto può anche riguardare una nascita: possiamo diventare madri o padri sotto queste stelle o possiamo diventarlo di nuovo. E anche questo può essere letto al positivo o al negativo, a seconda se lo desideriamo, se si tratta di un "incidente di percorso", se la cosa può comportare dei problemi fisici e via dicendo. È anche possibile che la Rivoluzione solare così concepita indichi un aborto o un problema, più o meno serio, per un nostro figlio o per una figlia. Si va dalla bocciatura a scuola ad una malattia, passando per un amore felice o infelice, per eventuali problemi di cattive compagnie, per la scoperta di spinelli fumati, per danni economici che i ragazzi ci possono procurare, per un problema di educazione che ci troviamo a dover affrontare, eccetera. Molti genitori tremano quando questa Casa viene intercettata nella Rivoluzione solare, o dall'Ascendente, o dal Sole o da uno stellium. In effetti le cose non sono mai tanto drammatiche, in considerazione del fatto che le risorse dei ragazzi sono davvero tante ed i pericoli, a livello di salute, per quanto riguarda loro, non sono poi così terribili. Nella maggioranza dei casi si può trattare di lievi malattie, anche di cadute o di incidenti, a volte, ma quasi mai di fatti gravissimi. Tutto quanto scritto nelle righe precedenti vale anche per i nostri nipoti, ma non nel senso di figli di fratelli o sorelle, bensì in quello di figli dei figli e ciò vale anche per i figli del proprio partner. Attenzione a non fare confusione su questo punto. La quinta Casa, per un politico, può anche indicare la nascita di una nuova formazione politica, di una associazione, di una inaugurazione. E la quinta Casa, per chi ama molto gli animali, può riguardare anche questi ultimi.

Ascendente di Rivoluzione in sesta Casa radicale o stellium o Sole in sesta Casa di Rivoluzione.

Lo stesso discorso, quasi al 100%, fatto per la prima Casa, vale anche per la sesta Casa. Dimenticatevi che si tratta della Casa della salute, ovvero dimenticatevi il fatto che essa può darvi solamente problemi di salute. Sicuramente a valle di un anno di problemi a trecentosessanta gradi troverete anche la salute, ma non solamente quella. Il concetto è quello già espresso: una sesta Casa annuncia guai e disgrazie di ogni genere, una Casa che insieme alla prima e alla dodicesima, quasi perfettamente allineate tra loro, produce guasti a tutto campo. Quando vi capita un Ascendente in sesta radicale, o un Sole o uno stellium in questo settore, dovrete aspettarvi un anno o un mese durissimo da tutti i punti di vista: vi lascerete con il partner, sarete licenziati, perderete il lavoro, avrete guai con la legge e forse conoscerete anche il carcere, vi morirà un congiunto stretto, sarete al centro di uno scandalo, vi ammalerete più o meno gravemente, subirete incidenti o operazioni chirurgiche e chi più ne ha più ne metta. Alla fine, a valle di tutto, avremo problemi di salute, ma gli stessi li dobbiamo considerare sia in senso strettamente fisico che in senso psicologico: grandi stati depressivi, angosce, fobie, paure di ogni tipo, abbattimenti difficili da superare e questo per un motivo qualsiasi che, come scrivevo poco fa, può non avere nulla a che fare, direttamente, con la salute e può riguardare, invece, il lavoro, l'amore, la legge e via dicendo. Insomma, vorrei ribadirlo ancora una volta e spero per tutte: una sesta in evidenza nella Rivoluzione solare o lunare, come per la prima o la dodicesima, quasi all'identico valore, vuol dire prove, guai, disgrazie di tutti i tipi. Si tratta di una Casa malefica e basta, senza stare a sottilizzare il tipo di disgrazie che essa ci porterà. Solo rarissimamente essa si manifesterà per i valori specifici cui è associata: problemi nei rapporti di lavoro, frizioni con i colleghi, i superiori o i collaboratori. Certo si può trattare di un passaggio di qualifica, di un trasferimento ad altro ufficio, di un turnover tra i colleghi, ma solo in rarissimi casi ed anche in questi l'effetto finale sarà sempre lo stesso: tanta agitazione, sofferenze, patimenti di ogni genere. Naturalmente potrà indicare, come da manuale, una malattia anche lieve che si manifesta o si manifesta per la prima volta e solo in questo caso possiamo dire che essa è di qualche utilità perché segnala al soggetto l'esistenza di una patologia che era sotterranea e che, invece, da adesso in poi si manifesta e permette di correre ai ripari. Nei giovani non è particolarmente pericolosa, ma comunque segna bocciature a scuola, crisi giovanili d'amore, lutti che colpiscono il ragazzo o la ragazza e via dicendo. Però, come già spiegato in altra parte di questo testo, per i ragazzi è difficile che tale posizione possa indicare malattie gravi, soprattutto tumori, mentre in chi abbia superato i quarant'anni la stessa diventa davvero esiziale e pericolosissima. Altre volte questo settore si può "sgonfiare" semplicemente attraverso una operazione o una banale operazione come l'asportazione delle tonsille oppure dell'appendice, l'eliminazione di un calcolo alla cistifellea, un leggero lifting, qualche intervento di currettaggio a cielo scoperto (operazione dentistica che prevede il taglio delle gengive e l'asportazione del tartaro che si è formato sotto di esse). Quest'ultimo intervento è qualcosa di particolarmente fastidioso ed impressionante anche senza comportare alcun pericolo per il paziente e si rende necessario, moltissime volte, quando il soggetto abbia superato i quarant'anni. Nel corso di tale anno è anche possibile assumere un dipendente o perderne uno, ricevere l'ingiunzione per una causa di lavoro da parte di un ex dipendente, avere dei grossi problemi a causa di uno di questi.

Ascendente di Rivoluzione in settima Casa radicale o stellium o Sole in settima Casa di Rivoluzione.

Quasi sempre si tratta dell'arrivo di carta bollata, di ogni genere. Si va dal litigio con il partner alla separazione e al divorzio dallo stesso, per finire con qualunque tipo di guai con la giustizia. Persone che non avrebbero mai immaginato di dover avere a che fare con un giudice e con i tribunali, si ritrovano, invece, con avvocati e con carta bollata davanti. A mio avviso le Case cattivissime sono la dodicesima, la sesta e la prima, quasi allo stesso identico livello, poi viene l'ottava che, però, solitamente non mi fa molto paura ma che potrebbe dare problemi sia economici che di fine di rapporti, di situazioni. Subito dopo l'ottava, ma quasi allo stesso livello, metterei la settima Casa, per la sua virulenza che può portare dal semplice litigio in famiglia anche agli attentati da parte della malavita. La settima, infatti, è anche quella dei nemici dichiarati che possono essere tanto la legge, sotto il vestito di un pubblico ministero, e tanto la mafia attraverso i suoi emissari che sono abituati ad esprimersi con le bombe, gl'incendi dolosi, gli attentati, le gambizzazioni, i ferimenti e perfino gli omicidi. Dunque, se viene in evidenza, tra compleanno e compleanno una settima Casa, allora possiamo star certi che dovremo avere a che fare con delle ostilità. Come dicevo la cosa più probabile, in tantissimi casi, è un litigio con il proprio lui o con la propria lei, anche una separazione o un divorzio, ma si può trattare anche dell'arrivo della Finanza per un controllo, del ritiro della patente per grave infrazione al codice della strada, della denuncia da parte di un ente pubblico, di avere il telefono sotto controllo perché il nostro numero è stato trovato nell'agendina di un criminale e via dicendo. In tanti casi, tuttavia, saremo noi stessi a far viaggiare la carta bollata di cui sopra, nel senso che l'effetto di tale settore sarà da registrare come un aumento della nostra belligeranza, indipendentemente se siamo delle persone pacifiche o meno. Saremo più attratti dalla politica, dall'impegno militante in una associazione, un partito, un movimento ecologista, un gruppo di fede, eccetera. Avremo anche più voglia di associarci, per esempio con un partner commerciale per fondare una società. Con questo tipo di cielo si possono formare o sciogliere tante società, di affari, imprenditoriali, artigiane, di studio, di alleanze politiche, eccetera. È anche possibile scoprire un tradimento del nostro partner o, al contrario, decidere di sposarci o iniziare un rapporto sentimentale nuovo, una convivenza, una relazione nascosta. Anno assai importante per il nostro partner, in positivo o in negativo.

Ascendente di Rivoluzione in ottava Casa radicale o stellium o Sole in ottava Casa di Rivoluzione.

La suddetta posizione significa, innanzitutto, una maggiore circolazione di denaro la quale, a sua volta, si deve intendere sia come più soldi in entrata che come più soldi in uscita. Come per la seconda Casa anche qui l'insieme dei transiti ci farà capire in che direzione sarà il flusso di denaro. Se per esempio l'Ascendente di Rivoluzione cade nella quarta Casa ed uno stellium in ottava, allora delle due l'una: o il soggetto vende una casa, ed in tale circostanza i soldi sono in entrata, oppure lo stesso acquista un immobile, cambia domicilio, effettua dei lavori domestici, ed allora i soldi saranno in uscita. Solitamente, nella maggioranza dei casi, per i motivi già esposti e non per pessimismo, si tratterà di grosse (rapportate al reddito del soggetto) uscite se non proprio di una emorragia di denaro. I motivi possono essere i più diversi e si va dall'acquisto o dal fitto o dalla ristrutturazione di un immobile, al pagamento di tasse, alle rate del mutuo, all'acquisto di una macchina e via dicendo. I soldi in entrata, a loro volta, possono riguardare una eredità, una vincita al gioco, degli arretrati di lavoro, una liquidazione, una pensione, un aumento di stipendio, una donazione a noi o al nostro partner e via dicendo. Moltissimi sono coloro che temono, anche con terrore tale Casa. Io non posso essere assolutamente d'accordo, innanzitutto perché, relativamente ai lutti, è assai più pericolosa la undicesima Casa che l'ottava e poi perché nel novantanove per cento dei casi si tratta di riferimenti economici e finanziari e solo nell'un per cento degli stessi si può trattare di lutti. Ma anche in quest'ultima eventualità, per la maggioranza delle situazioni, potremo avere un lutto non diretto (un amico, un cugino, un cognato) e solo in una piccola percentuale di eventi si tratterà di un lutto pesante o, in rarissimi casi, della nostra morte, se altri elementi dell'analisi lo fanno sospettare (soprattutto l'esame di tutti i cieli di nascita e di Rivoluzione solare e lunare dei parenti stretti). Possiamo dire, invece, che sicuramente l'ottava Casa è quella della fine delle cose, per cui, spesso, testimonia la fine di un amore, di un fidanzamento, di una convivenza, di una relazione extraconiugale, di un matrimonio, di un'amicizia, di una società tra due persone, di un lavoro. In tal senso la Casa può essere pesante, ma – a mio avviso – sempre assai meno delle Case già citate e che dovrebbero mettere timore, per la ricerca di possibili soluzioni. Altre volte l'ottava può riguardare anche il carcere, ma anche qui ci troviamo in una ristretta minoranza di casi. Possibili invece malattie della sfera sessuale e/o ginecologica. Pericolo di morte per noi o per un nostro congiunto (pericolo che può restare solo tale e non volgersi nella direzione minacciata dalla sua potenzialità). Anno o mese importante dal punto di vista sessuale, o per maggiore attività o per interruzione della stessa (tale eventualità ci informa, spesso, sulla "riapertura" di un rapporto o sulla fine dello stesso). Possibili paure e fobie relative al discorso morte. Interessi per la criminalità, per l'occultismo, per la magia, per lo spiritismo. Possibilità di ottenere un prestito, un finanziamento. Difficoltà a pagare le rate di un prestito ricevuto precedentemente. Danni al proprio patrimonio, immobiliare, azionario, eccetera. Pericolo di furti, scippi, rapine.

Ascendente di Rivoluzione in nona Casa radicale o stellium o Sole in nona Casa di Rivoluzione.

Quasi sempre sta ad indicare uno o più viaggi importanti durante l'anno. Nella nostra epoca in cui i viaggi intercontinentali non spaventano più, si tratterà per lo più di viaggi assai lunghi, sia per motivi di vacanza che per lavoro, salute, studi, eccetera. È anche possibile che avremo dei rapporti importanti, nel corso dell'anno, con stranieri o soggetti nativi di altre città, altre regioni. Una nostra opera (letteraria, giornalistica, musicale, professionale in senso vario) avrà una particolare accoglienza fuori dal nostro ambito di attività abituale. È possibile, inoltre, che il lontano richiamato da questa Casa sia da intendersi non in senso geografico e territoriale, ma in senso metafisico, trascendente, culturale. In tal senso è abbastanza probabile che, nei dodici mesi intercettati da tale Rivoluzione solare o nel mese di Rivoluzione lunare, noi faremo degli studi profondi, magari di materie come l'astrologia o la filosofia o la storia delle religioni; esplorazioni nell'universo dello yoga, dell'orientalismo, dell'esoterismo e della parapsicologia. Altre volte si tratterà, semplicemente, di studi universitari, di corsi postlaurea, di stage formativi per impiegati, di seminari intensivi, di corsi di lingue straniere, di corsi per l'uso del computer. Avremo sicuramente accesso a delle conoscenze superiori, anche rispetto alla stessa materia di cui ci occupiamo abitualmente. Facciamo un esempio. Se noi ci occupiamo, solitamente, di astrologia, allora vorrà dire che se l'Ascendente o uno stellium o il Sole capiteranno in nona Casa, quell'anno passeremo a studiare le Rivoluzioni solari o le Direzioni primarie o le armoniche o altre tecniche più difficili della base della materia. Altre volte la Casa in oggetto potrebbe manifestarsi nel senso di una spinta religiosa forte, sia in positivo che in negativo, per esempio attraverso una crisi vera e propria che potrebbe portarci ad una situazione di difficoltà quotidiana. Ho visto, per esempio, e non poche volte, soggetti abbracciare il buddismo con questa posizione o perdere la fede in Dio, a causa di una disgrazia subita. Altre volte è possibile registrare un incidente nel corso dell'anno (inteso sempre da compleanno a compleanno, né un minuto prima, né un minuto dopo. Chi dice che la Rivoluzione solare potrebbe cominciare alcuni giorni prima del return o addirittura sei mesi prima dello stesso, dimostra che oltre a non capire nulla di astrologia, non ha alcuna pratica di Rivopluzioni solari. Lo stesso vale anche per il timing delle Rivoluzioni lunari): per lo più si tratta di incidenti di veicolazione, con macchine, moto, biciclette, attraversando la strada. Ma altre volte lo stesso può anche riferirsi, banalmente, ad una caduta, con conseguenze più o meno gravi, per correre tra una stanza ed un'altra o per salire su di una scala. È possibile, ancora, che la Casa si manifesti come inizio o intensificazione di un'attività sportiva o come rapporto un po' speciale con gli animali.

Ascendente di Rivoluzione in decima Casa radicale o stellium o Sole in decima Casa di Rivoluzione.

È certamente la Casa più bella. Quando viene intercettata tale posizione, avremo una o più emancipazioni, premi, soddisfazioni, crescite, miglioramenti della nostra vita. Alcune delle cose migliori che ci possano capitare, nel corso dell'intera vita, sono certamente collegate a tali posizioni. La sensibilità di ciascuno di noi a tale item va tarata nel tempo, nel senso che al di là dell'interpretazione soggettiva essa ha un valore diverso da individuo a individuo e solamente l'esame diretto su di un soggetto ci potrà dire quanto costui è in grado di trarre, in termini positivi, da tale situazione. Per alcuni gli effetti sono spettacolari, pirotecnici, tali da far gridare al miracolo. Per altri si tratterà di vantaggi meno eclatanti ma parimenti positivi. Non tutti, però, sono in grado di riconoscere i vantaggi che tale Casa offre e questo perché, molto spesso, si hanno delle aspettative unidirezionali che non lasciano leggere, in maniera trasparente, la grande positività dell'azione della decima Casa nei dodici mesi a seguire o nel mese a seguire. Facciamo degli esempi. Un intellettuale che riceve diversi riconoscimenti prestigiosi del suo valore, non valuterà positivamente gli stessi neanche in misura minima perché lui si aspettava, invece, dei soldi. Una donna che si attendeva vantaggi professionali e di cuore, sottostima enormemente il fatto di essere riuscita a dimagrire trenta chili e passare, così, dalla condizione di obesa ad una condizione di normalità. Un professionista si attende affari importanti e non si accorge di essere riuscito, per la prima volta nella sua vita, ad utilizzare il computer up-gradando, in questo modo, ad un mondo assai più emancipato del suo. Una donna che è in lite con i figli e spererebbe in un riavvicinamento, impara a nuotare a cinquant'anni o a volare per la prima volta, liberandosi, così, tutto d'un colpo, di tonnellate di palle al piede. Un soggetto riesce a capire l'origine di una sua malattia e si libera, dopo decenni, dall'uso di un farmaco, anche se egli si aspettava, invece, ottime cose sul piano finanziario. Una donna, solitamente depressa ed angosciata, smette di stare in analisi, dopo una "vita", e non comprende appieno il valore di una simile emancipazione. Ad una anziana signora che accudisce da trent'anni un congiunto immobilizzato sulla carrozzella, muore il congiunto. Ad un professionista che ha i genitori assai anziani e malati che si ostinano a continuare a volere vivere da soli, giunge, finalmente, la notizia che gli stessi si sono decisi ad andare a vivere in un ospizio presidiato da medici. Il possessore di un computer che utilizza un sistema operativo assai "proprietario", che ha la possibilità di far girare pochissime applicazioni, lo cambia e si sposta su di un sistema operativo a larga diffusione, con migliaia e migliaia di programmi da utilizzare. L'elenco potrebbe continuare all'infinito e se ho insistito un po' negli esempi è perché mi rendo conto, spessissimo, che la maggior parte della gente non riconosce i risultati eccellenti di questa Casa. Altre volte l'equivoco, tra aspettative e reali risultati ottenuti, è dovuto al fatto che l'interessato si attende tutta una serie di fatti bellissimi e, invece, nel corso dell'anno, se ne verifica uno solamente, del tipo di quelli descritti che, se il soggetto fosse una persona obiettiva, dovrebbe comunque riconoscere come portatore di risultati eccezionali e positivi. Per tante persone, soprattutto per le donne, questa Casa, così intercettata, può portare un amore importante o anche un matrimonio, l'inizio della convivenza. Anche qui mi è capitato di parlare con diverse persone che non avevano affatto riconosciuto la positività dell'evento (il che non vuol dire, naturalmente, che il matrimonio così nato durerà in eterno. L'aspetto astrologico qui considerato parla per quell'anno e basta e, se in quei dodici mesi, "hanno suonato le campane", questo, e solo questo, è importante). Le posizioni più sopra descritte vivono una enfatizzazione se il soggetto riceve, nell'anno in oggetto, anche un ottimo transito, per esempio Giove sul Sole o in buon aspetto al Medio Cielo. In questo caso il valore della decima lieviterà enormemente e possiamo avere quella che io chiamo la Rivoluzione solare bomba. In questi casi i risultati sono ancora più spettacolari, ma anche qui non bisogna lasciar correre il pensiero, a briglia sciolta, e partorire delle fantasie di potenza in cui si pensi al biglietto miliardario della lotteria o all'incarico di deputato. A volte potrà significare, semplicemente, l'acquisizione di un nuovo e importante cliente che nel tempo ci darà dei grossi frutti nel lavoro. Al contrario, invece, se nel corso dell'anno vi sono dei transiti negativi, soprattutto di Saturno e di Urano rispetto al Sole, alla Luna, all'Ascendente e al Medio Cielo, allora le cose vanno lette in tutt'altro modo. Possiamo avere, in questi casi, un vero crollo per il soggetto, crollo economico, professionale, politico, fisico, psicologico, di prestigio e via dicendo. Sicuramente, come potete vedere anche dagli esempi riportati in questo libro ed in altri mie libri, la combinazione transiti cattivi più decima Casa può essere anche più negativa di una dodicesima. Abbiamo un terzo caso: quando, con valori di decima, troviamo contemporaneamente transiti positivi e negativi. In detta circostanza dobbiamo valutare, innanzitutto, il lavoro del soggetto perché se costui è un politico ed il transito negativo è di Saturno congiunto alla Luna, allora lo stesso è pericolosissimo perché fa pensare a forte impopolarità e caduta rovinosa di potere. Con lo stesso transito, invece, se il soggetto svolge la professione libera di architetto, io mi fiderei senz'altro di una situazione in cui a

fianco alla decima abbiamo il suddetto transito dissonante, ma contemporaneamente uno ottimo come Giove al Medio Cielo, per esempio. Non vi può essere una regola precisa ed univoca e qui, ovviamente, vale l'esperienza dell'astrologo. Se costui ne ha accumulata una potente, allora potrà comprendere, con relativa facilità, in che direzione andrà evolvendo la situazione. In ogni caso, quando vi sono dubbi, il consiglio è: desistere. Nel senso che se il soggetto, pur non essendo un politico in senso stretto, è comunque una persona che svolge incarichi di vertice e di prestigio, non bisogna correre rischi ed è bene evitare l'Ascendente in Decima radix se vi sono contemporaneamente transiti dissonanti e pesanti di Plutone, Nettuno, Urano e Saturno in relazione al Sole, alla Luna, al MC e all'Ascendente. Lo stesso vale anche se, contemporaneamente all'Ascendente in decima, la RS registra posizioni assai cattive, sempre di RS: per esempio un Sole in sesta Casa, un Marte in prima o in dodicesima, ecc. In questi casi, come per il precedente step, se noi desideriamo enfatizzare i valori positivi di decima Casa, dovremo tentare di attivare una RS con Giove al MC, Giove o Venere in decima, ecc. Se, invece, il soggetto è un impiegato statale con quasi nulle possibilità di essere licenziato, allora potremo anche rischiare di mettere un Ascendente in decima Casa radix.
Ricordate che questa Casa riguarda strettamente la madre del soggetto, ma anche la nonna e la suocera: nella quarta Casa troviamo riferimenti a entrambi i genitori, ai nonni e ai suoceri; qui, invece, riferimenti relativi solo alla madre, alla nonna e alla suocera.

Osservazione

Vorrei sottolineare ancora una volta un concetto che a mio parere è assai importante per comprendere il "funzionamento degli astri" secondo questa scuola: i risultati ottenuti da una buona decima Casa, tendono a essere irreversibili. Facciamo un esempio. Nell'anno di una RS con – mettiamo – un Giove congiunto al MC, noi potremmo deciderci a farci operare di cataratte e ottenere sia la risoluzione di un grosso problema di salute e sia un possibile upgrade "irreversibile" e cioè l'acquisizione di un visus di undici decimi, per esempio. Qualcuno dirà che tale risultato non si può considerare definitivo e invece lo è: a meno di altre gravi patologie, e al netto della nostra morte, detto "premio" è davvero per sempre. E lo stesso vale sia per la RS che per la RL. Lo stesso dicasi per tante altre realtà piccole e grandi della nostra vita, senza passare, come molti credono, per incarichi governativi di prima grandezza o per vincite alle lotterie.

Per le persone che vivono stabilmente nella stessa città per tutta la vita, mediamente un Ascendente o un Sole capita ogni quattro anni nella decima Casa e quindi parliamo, considerando una vita media di ottant'anni, di una ventina di volte in tutto: dunque è più che probabile che una ventina di volte, nel corso di tutta un'esistenza, possano capitare eventi assai speciali capaci di migliorare sensibilmente la qualità del nostro viaggio. Ovviamente ciò, invece, non può assolutamente applicarsi alle Rivoluzioni Lunari che possono ripresentarsi, con detti parametri, anche centinaia e centinaia di volte nel nostro percorso terrestre.

E allora?

Allora, molto più semplicemente, fatti salvi tutti i princìpi esposti fin qui, si tratterà sempre e comunque di eventi "un po' speciali", ma anche dell'ordine che finalmente riusciamo a trovare un bravo idraulico capace di risolverci il problema dell'acqua calda che va e che viene nel nostro bagno...
Usiamo molto il cervello e ci troveremo benissimo.

Ascendente di Rivoluzione in undicesima Casa radicale o stellium o Sole in undicesima Casa di Rivoluzione.

Spessissimo, assai più spesso di quello che si crede, questa Casa, intercettata dall'Ascendente o dal Sole o da uno stellium, annuncia un lutto nel corso dell'anno, molto di più di quanto possa fare l'ottava Casa (questa è una delle mie scoperte personali più marcanti la mia scuola personale. Molte altre le trovate in tanti miei libri e in particolare in Revisione dell'Astrologia, Armenia editore). Tale lutto può riguardare sia i congiunti stretti del soggetto che i suoi amici, conoscenti, persone a lui vicine anche se non proprio parenti. Altre volte si può trattare di un pericolo di vita, sia per i parenti che per gli amici. La cosa si dimostra da sé: è sufficiente esaminare, negli oroscopi dei familiari, e non in quelli delle vittime, quante volte è presente l'undicesima Casa, nelle morti, e quante volte, invece, è presente l'ottava. Ci si renderà conto dell'enorme incidenza della prima rispetto alla seconda ed apparirà evidente quanto ho scritto in altra parte di questo libro ed anche in altri miei testi: non mi riesco a spiegare come sia possibile che nessun collega si sia accorto, prima di me, di una tale schiacciante evidenza. Quando questa Casa non ci parla di un lutto, nel corso dei dodici mesi intercettati, allora essa vuol dire che ci sarà un notevole turnover nelle amicizie, nel senso di amici che si allontaneranno e di amici nuovi che arriveranno. Sicuramente, dal punto di vista delle amicizie, l'anno non potrà essere banale. Può anche avvenire che questa Casa si esprima nel senso di appoggi avuti da conoscenti e persone influenti per accedere ad un posto di lavoro, ad una occasione di lavoro stagionale, ad una promozione per la nostra ditta e via dicendo. Si tratta anche della Casa dei progetti e dunque è certo che di questi ne faremo tanti nel corso dell'anno. Nonostante che questo settore evochi la morte, a mio avviso non bisogna assolutamente considerarlo un settore cattivo. Innanzitutto perché la morte, a mio avviso, andrebbe considerata come un evento inevitabile e dunque non catastrofico. E poi perché se l'Ascendente o il Sole o uno stellium cadessero in altra Casa, questo non vorrebbe dire che il lutto non ci sarebbe, ma solamente che lo stesso verrebbe vissuto meno drammaticamente per il soggetto. Un Ascendente in dodicesima o in prima o in sesta, invece, credetemi, è cento volte più cattivo. Questa Casa, inoltre, potrebbe anche parlarci di un interesse momentaneo o definitivo per la musica. La undicesima Casa, come ho scritto in molti altri miei libri, la dovremmo considerare come una settima Casa, ad una ottava più giù, da un punto di vista legale: è quasi certo che nel corso dell'anno intercettato da questa Casa ci sarà tanta carta bollata oppure uno o più litigi, anche violenti, con amici, parenti, partner... Molte guerre e molte battaglie. Interruzioni definitive e non di rapporti. In caso opposto, se altri fattori della Rivoluzione solare lo confermano, può indicare, invece, una bella vittoria legale o un positivo processo di riavvicinamento a una o più persone.

Osservazione

Ecco un argomento in cui il mio commento rischia di essere più lungo del paragrafo stesso. Ormai anche i ciechi si sono accorti di questa mia importantissima scoperta: l'undicesima Casa è assai più luttuosa dell'ottava ed è, soprattutto, la Casa della "guerra e della pace". Tuttavia in tantissimi continuano a fare confusione al riguardo.
Recentemente un docente universitario straniero mi ha contattato per comunicarmi di poter confermare al mille per mille il fatto che tale Casa è assi più luttuosa dell'ottava e poi ha concluso chiedendomi: "In quale libro dell'antichità lei ha letto questa cosa?". "In nessun libro: questa è una mia scoperta!". E lui, furioso: "Io scoprirò dove l'ha letta e pubblicherò un libro per provare ciò". "Si accomodi, ma penso che ingoierà un boccone amaro e si accorgerà anche che non troverà traccia alcuna, nel passato, di molte altre mie scoperte, a partire dall'effetto bistabile di alcune Case e di alcuni elementi di interpretazione, al binomio quarta Casa/informatica o agli altri cecità/dodicesima, sesta Casa e Nettuno o a quello sordità/ valori Aquario-Urano, alla contezza del valore delle cuspidi, quarta Casa/seconda parte della vita (e non ultima parte della

vita come dichiarato da astrologi esoterici come Alexandre Volguine), quinta Casa/nipoti (nel senso di figli di figli), decima Casa/madre-suocera-nonna, grande pericolosità delle Case prima-sesta-dodicesima e altre decine e decine di item che i miei allievi più bravi conoscono perfettamente.

Ma quanto appena scritto si riferisce ad aspetti diciamo così di "colore" a cavallo di molte mie scoperte, mentre qui vorrei sottolineare, una ennesima volta (ma dieci non bastano?) alcuni punti essenziali relativi all'argomento in oggetto.

Pur avendo io allertato tutti a considerare la "luttuosità" della undicesima Casa come molto più acuta di quella dell'ottava, ho anche ripetuto, fino alla noia, che questo non ci autorizza neanche ad ipotizzare che detto settore zodiacale sia da evitare in una Rivoluzione Solare o in una Rivoluzione Lunare.

Infatti, come ho spiegato tante volte, ciascuno di noi, nel corso della vita, mediamente subisce tre, quattro, cinque lutti importanti e basta, compresa la nostra stessa morte e, invece, tale evidenza di RS o di RL si può ripresentare decine e decine di volte nel corso dell'esistenza. Dunque non vi è motivo di cercare di evitarla.

Ricordando inoltre, e ciò è ancora più importante, che nei confronti di terze persone, non possiamo utilizzare i return come se fossero magia bianca o magia nera: pensate quante soddisfazioni mi sarei preso io, se, durante tutta la mia vita, avessi potuto "eliminare" serpenti velenosissimi dal mondo facendo un semplice viaggio…

No, tutto ciò è molto sciocco, oltre a essere assurdo. Infatti sappiamo bene che una morte è prevedibile perché visualizzata attraverso centinaia di grafici di parenti e amici di un soggetto: grafici di nascita, di RS e di RL. E voi pensate che se in un intreccio di centinaia di grafici astrali modificarne uno soltanto potrebbe avere un peso nell'economia di un evento luttuoso? Se poi aggiungiamo anche che detto evento temutissimo da tanti, a volte riguarda "semplicemente" un pericolo di morte e non una morte o, anche, l'interruzione di un rapporto di amicizia, per esempio, allora comprendete bene anche che evitare la suddetta Casa non sta "né in cielo né in terra" …

E, di nuovo, relativamente al fatto che detta Casa riguarda tantissimo "la pace e la guerra", significa, anche, con particolare riferimento alle Rivoluzioni Lunari, semplici litigi o riappacificazioni tra coniugi, fidanzati, amanti, genitori e figli, fratelli e sorelle e chi più ne ha più ne metta.
Non mi illudo che dopo questa ennesima spiegazione non si cadrà nuovamente in errore, ma dovevo aggiornare questo file sempre aperto.

Ascendente di Rivoluzione in dodicesima Casa radicale o stellium o Sole in dodicesima Casa di Rivoluzione.

Questa Casa, quando è fortemente intercettata, ci fa comprendere quanto suonino false quelle considerazioni apparentemente sagge, ma in effetti farisaiche, di quegli autori che fingono di sforzarsi a convincere i propri lettori o i propri allievi che questa Casa non è cattiva e che anzi promuove la crescita e la saggezza nei soggetti che la vivono intensamente. Ripeto ancora una volta: io non dubito sul fatto che essa faccia crescere l'interessato e lo migliori anche sul piano spirituale, ma il punto è se il soggetto preferisce beccarsi un tumore, una carcerazione, un figlio morto o l'abbandono da parte del partner e crescere o preferisca, invece, non crescere affatto ed evitare tutto questo. Sembra, in questi casi, che gli autori chiamati in causa non abbiano da confrontarsi con clienti terrestri, ma con interlocutori marziani o comunque di altri mondi. Voi pensate che i vostri consultanti accetterebbero mai la teoria che questa Casa non è affatto cattiva se, dopo un anno, tornassero da voi per dirvi che sono falliti nel lavoro, sono braccati dai creditori, stanno facendo una radioterapia e hanno scoperto che il figlio si droga? Io penso proprio di no e ritengo che questa sia la Casa peggiore che esiste, ma solo di una misura minima, quasi impercettibile, rispetto alla prima ed alla sesta. È qui, se permettete, che dovrete misurare soprattutto la mia scuola rispetto a quella di altri autori, a cominciare da Volguine. Non basta, infatti, a mio avviso, parlarvi in termini allarmistici di ogni Casa per giungere alla conclusione che dovunque vi sia terrore. No, a mio avviso, è assai più onesto procedere senza rete, assumersi delle precise responsabilità, dettagliare delle classifiche ed usare dei punti esclamativi ed allora voi provate ad interpretare i transiti e le Rivoluzioni solari insieme, secondo la scuola di Volguine o di altri capiscuola di vostra preferenza, e poi provate a fare lo stesso secondo questi miei insegnamenti e fatemi sapere che percentuale di esattezza nelle previsioni otterrete con i due metodi. Io non demonizzo tale Casa perché sono un pessimista: è esattamente il contrario perché è la maleficità di questo settore che mi rende pessimista e la sua virulenza la misuro sul campo, non in via teorica. Se volessi farvi un elenco delle cose accadute a migliaia e migliaia di miei consultanti in presenza di questa Casa, non basterebbe un libro intero e lo stesso verrebbe vietato ai minori di diciotto anni, perché sarebbe più agghiacciante di un film di Dario Argento. La dodicesima Casa voi la troverete nelle peggiori disgrazie della vostra vita. Fare delle previsioni in presenza di una dodicesima Casa forte è un gioco da ragazzi: vi basterà dire che si passano tutti i guai di questo mondo, a trecentosessanta gradi, a tutto campo, dall'amore, ai guai con la legge, alle malattie, alle operazioni, alle enormi difficoltà economiche, ai lutti e chi più ne ha più ne metta. È naturale che questo lo stiamo dicendo tra di noi e voi non dovrete esprimervi così con i vostri consultanti. Dovrete usare tutti i sistemi validi per rassicurarli e, soprattutto, per aiutarli a fronteggiare o a neutralizzare una simile contingenza, ma ciò non costituisce materia di questo libro e coloro, solo coloro, che mi seguono sul discorso dell'Astrologia Attiva, leggeranno delle cose in proposito in altri miei libri come Il Trattato Pratico di Rivoluzioni Solari. Qui io devo solo mettervi in guardia e farvi sapere che se un soggetto si becca una dodicesima Casa in evidenza, passerà tutta una serie di guai, dalla perdita di un concorso cui teneva parecchio, alla malattia grave di un parente stretto, niente escluso nel panorama di tutte le disgrazie che possono capitare ad un comune mortale. È inutile cercare di stabilire di cosa si tratterà: nella maggioranza dei casi, come

già detto, si tratterà di prove a tutto campo oppure di un'unica specifica e durissima prova.
In questo secondo caso le cose vanno anche peggio perché l'esizialità della Casa non si diluisce in dose omeopatica, ma ha un impatto concentrato e durissimo. Se la conoscete abbastanza imparerete che essa non è da augurare neanche ai vostri nemici. Quando un Ascendente è in segni di lunga o lunghissima ascensione, come Cancro, Leone, Vergine e Bilancia, la stessa può capitare per moltissimi anni ogni quattro anni e la cosa diventa davvero difficile da sopportare. Qui, come per gli altri casi, non vi è tanta differenza tra l'Ascendente che cade in tale settore e il Sole o uno stellium intercettati dallo stesso. A volte il Sole si trova solo 2-3 gradi sopra la cuspide che separa la undicesima dalla dodicesima Casa e ciò è particolarmente rischioso perché tantissimi orari di nascite sono arrotondati per eccesso ed il soggetto risulta nato dieci-quindici minuti prima, con il risultato che tante persone si beccano il Sole in dodicesima pensando di averlo in undicesima, ma, poi, la malvagità degli avvenimenti dell'anno lo convinceranno di quanto è accaduto a sua insaputa. Ciò, tuttavia, servirà per il futuro.

Osservazione

Anche qui le precisazioni che seguono potrebbero risultare ovvie, ma giacché in tanti continuano a fare confusione, penso sia meglio essere ridondanti anziché lacunosi.
Tutto quanto scritto nelle righe precedenti è per me pienamente valido, a valle di oltre mezzo secolo di ricerche e di decine di migliaia di RS e di RL studiate con grande attenzione, ma è anche evidente che non si possono considerare i danni di una RL come se si trattasse dei nocimenti a valle di una RS.
Con una pessima dodicesima Casa di RS, come ho già scritto, ci troviamo in un'area che definirei "relativa alla madre di tutte le sventure" e che ci potrebbe portare pessime esperienze tra quelle che solitamente si indicano come le peggiori

esperienze della vita: lutti, ospedalizzazioni, incidenti gravi, separazioni, carcerazioni e via dicendo.

Ovviamente tutto ciò non può accadere in una RL che faccia parte di una RS buona o non particolarmente cattiva. Una gran brutta dodicesima Casa, intercettata all'interno di una RS buona o quasi neutra, andrà comunque a perimetrare un'area mensile particolarmente spiacevole rispetto ad un intero anno, ma senza mai poterci portare eventi che la RS non annuncia. Quindi si potrà trattare comunque di litigi assai spiacevoli o di problemi di salute, dal forte raffreddore ad una prolungata insonnia o ad una gastrite, ma niente di cui doverci davvero preoccupare.

Viceversa, se la RS è cattiva o minaccia danni specifici in una precisa direzione, la RL di questo tipo segnerà, nella stragrande maggioranza dei casi, il timing giusto per leggere il o gli avvenimenti che temiamo.

Quanto appena scritto va applicato assolutamente a tutte le restanti pagine del presente libro.

CAPITOLO 6

GLI ASTRI NELLE CASE DI RIVOLUZIONE

Qui occorre ripetere quanto già spiegato e cioè che l' "avidità", nel tentativo di spiegare ogni singola piega o particolare minimo della Rivoluzione solare, non solo non serve a chiarire meglio le cose, ma finisce senz'altro per complicarle e per renderle assai meno trasparenti. Ricordate: vanno viste soprattutto tre cose e cioè dove cade l'Ascendente di Rivoluzione rispetto alle Case di nascita, poi dove cade uno stellium rispetto alle Case di Rivoluzione e quindi dove cade il Sole rispetto alle Case di Rivoluzione. A questo punto aggiungerei le indicazioni derivanti dalla posizione dei malefici nelle Case di Rivoluzione, soprattutto Marte, e la posizione di Giove e di Venere nelle Case di Rivoluzione. Vi sconsiglio di tentare di forzare ulteriormente le già preziosissime ed esattissime informazioni in vostro possesso: se cominciate a cercare di stabilire che un pianeta è retrogrado, che sta in cattivo aspetto a quell'altro, che è signore della tale Casa e via dicendo, finite per incamerare un numero tale di variabili che poi l'effetto è quello paragonabile ad una realtà di questi ultimi anni: i satelliti artificiali lanciati dagli enti spaziali ci hanno inviato una tale mole di informazioni che, se anche si fermassero da oggi, non basterebbero i prossimi due o trecento anni per interpretarli tutti e non è detto che una tale massa di informazioni possa chiarirci di più la situazione celeste. Insomma, io non voglio dire che sapere se un pianeta è ben aspettato o male aspettato non serva, ma vorrei, invece, sottolineare che il suo valore è minimo: per esempio, volendo quantizzare la cosa, senza stare troppo attenti al valore esatto, potremmo dire che questa sua valenza è pari a 0,1 rispetto alle altre posizioni principali che varranno 70 o 85 o 92, eccetera. Se terrete presente una scala del genere, vi accorgerete che è perfettamente inutile stabilire, per esempio, se Marte è ben messo o mal messo nella prima Casa di un settantenne: gli effetti saranno sempre micidiali, in ogni caso.

LUNA DI RIVOLUZIONE NELLE CASE

Per quanto riguarda la Luna, in particolar modo, dobbiamo osservare che essa è davvero di minima importanza nell'economia di una Rivoluzione solare e, tutt'al più, ci informa su qualche stato d'animo, qualche tendenza particolare, qualcosa che vorremmo fare e che non faremo... In una scala globale di valori, io la metterei, se non all'ultimo posto, per importanza, ad uno degli ultimi e ciò assai diversamente da quanto farei in un tema natale.

In prima Casa essa stabilisce umori variabili durante l'anno, un continuo altalenare della volontà tra propositiva e latitante. Idee che cambiano spesso nel corso dei dodici mesi intercettati dalla Rivoluzione solare. Atteggiamento più passivo, meno fermo, più influenzabile, più percettivo. Maggiore sensibilità generale. Comportamenti capricciosi ed indecisi. Inaffidabilità sul piano della verifica di progetti importanti.

In seconda Casa ci fa senz'altro pensare ad una situazione economica a cicli alterni: positiva e negativa, ad intervalli differenti, nel corso dell'anno. Emotività che condizionerà le scelte in campo finanziario. Influenzabilità, in tale settore, soprattutto nei confronti delle persone care. Poca verve nei propositi di guadagno. Scarsa attenzione ai problemi finanziari. Inclinazione ad occuparsi, nel corso dei dodici mesi così intercettati, di fotografia, cinema, teatro, immagine, look personale, grafica al computer, eccetera.

In terza Casa può voler dire dipendenza psicologica da fratelli, sorelle, cugini e cognati o rapporti a senso alternato con gli stessi. Inclinazione verso i viaggi che non è detto che sarà premiata dai fatti. Interessi per le comunicazioni e le telecomunicazioni. Studi a rendimento alterno: alcuni mesi buoni ed altri no. Progetti in campo automobilistico o relativi all'acquisto di una moto.

In quarta Casa può indicare parecchi sogni, anche ad occhi aperti, relativi all'acquisto di una casa, ad un trasloco o a lavori da fare nella propria abitazione. Situazione assai instabile relativa alla salute dei genitori o al rapporto tra il soggetto e questi ultimi. Voglia di privato, di trascorrere parecchie ore in casa. Questo potrebbe essere un desiderio abbastanza realizzabile.

In quinta Casa significa, quasi certamente, innamoramento durante l'anno. Per i soggetti dalla cotta facile può indicare anche diversi innamoramenti nel corso dell'anno. Rapporti altalenanti con il partner o con i figli. Situazione scolastica, o di salute, o sentimentale, dei figli che va su e giù. Nuovi interessi relativamente agli hobby. Voglia di andare più spesso al cinema, al teatro, in discoteca. Desiderio di incrementare la quota di divertimento nel corso dell'anno (ricordate che questo vale sempre da compleanno a compleanno).

In sesta casa di solito rappresenta un maggiore interesse, almeno sul piano delle intenzioni dichiarate, verso la salute o l'aspetto estetico della propria persona o di quella degli altri. Interessi in campo medico. Letture di giornali di medicina divulgativa. Intenzione di prendere parte a corsi di Shat-su, di pranoterapia, di macrobiotica, eccetera. Rapporti con molti alti e bassi nell'ambiente di lavoro. Lo stesso dicasi per i rapporti con propri dipendenti, collaboratori domestici, segretarie, eccetera.

In settima Casa vuol dire rapporti che vanno su e giù in ambito matrimoniale o con il proprio partner, con la persona con la quale si convive o con cui si porta avanti una relazione. Attrazione verso la vita matrimoniale seguita da periodi di rifiuto per la stessa. Intenzioni in campo societario. Desiderio di allearsi con qualcuno. Preoccupazioni alternate da sicurezze in campo legale.

In ottava Casa questo transito vuol dire, un po' come per l'omologa situazione riguardante la seconda Casa, cicli alterni, nel corso dell'anno, con il denaro: desiderio di guadagnare di più, ma anche qualche pericolo di perdite in campo finanziario. Aspettative in campo ereditario. Possibile arrivo di un prestito che poi svanisce. Maggiore attrazione sessuale.

In nona Casa significa, certamente, maggiore desiderio di viaggiare, di spostarsi, di andare ad abitare altrove. Quasi sempre si tratta di un desiderio e basta, senza effetti sul piano pratico. Esterofilia. Attrazione per tutto quanto sia esotico, lontano, anche relativamente al pensiero. Attrazione per la filosofia, la teologia, l'astrologia, l'esoterismo, l'orientalismo, lo yoga, eccetera.

In decima Casa questa posizione vuol dire un po' di ambizione in più, ma non sostenuta da azioni convincenti in tal senso. Si vorrebbe salire più in alto, ma senza fare a piedi i gradini. Alti e bassi nel prestigio, durante l'anno. Rapporti alterni con la madre. Madre che passa da stati positivi a stati meno buoni, soprattutto sul piano della salute.

In undicesima Casa di Rivoluzione la Luna significa molta voglia di amicizie e di nuove amicizie. Rapporti caratterizzati da alti e bassi con gli amici. Estrema volubilità nei progetti. Progetti infantili. Tentativi, non troppo convinti, di chiedere aiuto a persone influenti. Possibili stati depressivi in conseguenza di una morte.

In dodicesima Casa, questa posizione vuol dire desiderio di isolamento, di chiusura. Favorevole ai ritiri spirituali o di meditazione. Instabilità sul piano mentale. Crisi nervose. Un po' di angosce e fobie. Azioni negative ricevute da donne. Piccoli dispiaceri relativi alle persone care di sesso femminile. Atteggiamenti alterni in direzione assistenziale, soprattutto relativamente ai propri parenti.

MERCURIO DI RIVOLUZIONE NELLE CASE

Per quanto riguarda la posizione di Mercurio nelle Case di Rivoluzione solare, vale quasi tutto quanto già detto per la Luna: la sua importanza è davvero scarsissima, anche se non del tutto nulla. Mercurio ci suggerisce dove andremo a spendere, ad investire, le nostre maggiori energie e risorse mentali, dove si registrerà maggiore mobilità da parte nostra.

Nella prima Casa Mercurio ci segnala un anno di maggiore mobilità fisica e mentale. Saremo più attivi, più dinamici, più elettrici. Ciò non significa più forti, ma certamente più rapidi, almeno nelle apparenze. Qualche critico della cosa potrebbe osservare che si tratta più di aria mossa che di vere e proprie azioni e ciò, in parte, è vero. Appariremo agli altri più giovanili e freschi, anche mentalmente e favoriremo una partecipazione goliardica e cameratesca, nel senso migliore, della nostra persona alla vita degli altri.

Nella seconda Casa Mercurio tenderà a favorire la germogliazione di idee, piccole invenzioni, furbizie, che ci aiuteranno negli affari e, più in generale, a far circolare denaro nelle nostre casse. Quest'ultimo potrà essere legato, in qualche modo, anche a piccole attività commerciali, indipendentemente dal fatto se lavoriamo o no in questo settore. I nostri commerci, in particolare, potrebbero essere legati alle comunicazioni ed alle telecomunicazioni. Soldi spesi per l'acquisto di una vettura o di una moto.

Nella terza Casa Mercurio favorisce al massimo le comunicazioni e le telecomunicazioni. Ci spingerà all'acquisto di apparecchiature indirizzate a soddisfare tali esigenze, come apparecchi fax, telefoni cellulari e cordless, attrezzature per navigare in Internet, antenne satellitari. Maggiore pendolarismo o molti brevi viaggi, soprattutto per motivi di studio oppure per recarci a visitare fratelli, cugini, cognati e giovani amici. Favorite tutte le attività intellettuali. Possibili studi, corsi, seminari, convegni e scritti.

Nella quarta Casa può indicare una attività commerciale iniziata da uno o da entrambi i nostri genitori o, anche, una transazione commerciale riguardante una casa, un ufficio, una officina. Questioni immobiliari che ci mettono in relazione a fratelli, cugini, cognati. Frequenti spostamenti da casa oppure pendolarismo tra una casa e un'altra.

Nella quinta Casa esso può stabilire un rinnovato interesse per il gioco in senso lato, per tutte le attività ludiche e ricreative, soprattutto quelle di tipo goliardico, un po' infantili. Un figlio che parte, che si sposta spesso o che è impegnato in attività intellettuali. Rapporti di gioco con ragazzi o con persone più giovani. Inizio di hobby particolarmente mercuriali come il bridge, le parole crociate, i rebus, eccetera.

Nella sesta Casa Mercurio può indicare piccole patologie a carattere nervoso nel corso dell'anno oppure allergie e malattie da raffreddamento. Danni a causa del fumo. Continui spostamenti che potrebbero peggiorare la nostra salute. Assunzione di una persona giovane nella propria azienda o come collaboratrice domestica. Aerosolterapie o cure con qualsiasi forma di inalazione.

Nella settima Casa di Rivoluzione Mercurio favorisce la tendenza all'unione soprattutto in attività commerciale oppure può indicare una attività commerciale del partner o una sua maggiore frequenza negli spostamenti. Possibili incontri sentimentali con persone più giovani. Viaggi intrapresi con il proprio compagno o con la propria compagna.

Nell'ottava Casa il terzo pianeta del sistema solare può favorire una maggiore circolazione di denaro, ma la stessa può essere sia in entrata che in uscita e dipendere tanto da piccole vincite al gioco, al lotto, al totocalcio, che perdite dovute a furti, raggiri, scippi, assegni scoperti, eccetera. Soldi spesi per i viaggi o per l'acquisto di mezzi di trasporto. Pericolo di vita per un familiare o un amico giovane.

Nella nona Casa, così come nella terza, ma ad un'ottava più su, Mercurio favorisce molti spostamenti ed anche viaggi importanti. Desiderio di continuo movimento, sia in senso fisico che mentale. Interessi per una lingua straniera oppure per la filosofia, la teologia, l'astrologia, l'esoterismo, lo yoga, eccetera. Viaggio importante di un fratello, un cugino, un cognato, un giovane amico. Possibile legame, di amicizia o di amore, con giovane straniero o abitante in un'altra regione.

Nella decima Casa può significare maggiori viaggi e spostamenti di nostra madre o l'inizio, per lei, di una attività commerciale. Maggiori spostamenti nostri per andare a trovare la stessa. Idee brillanti che favoriscono la nostra crescita professionale. Attività commerciale che ci fa crescere nella scala sociale. Lavoro attinente ai veicoli, ai trasporti, alle comunicazioni ed alle telecomunicazioni, come l'apertura di una agenzia di viaggi.

Nella undicesima Casa Mercurio movimenta parecchio il capitolo delle nostre amicizie. Possibili nuove amicizie, assai giovanili, nel corso dei dodici mesi intercettati dalla Rivoluzione solare, sempre tra compleanno e compleanno. Sostegno da parte di giovani amici. Progetti commerciali di ogni tipo. Progetti di viaggio.

Nella dodicesima Casa Mercurio favorisce tutte le attività di ricerca, soprattutto nei settori dell'esoterismo, dell'astrologia, della filosofia, della teologia, dello yoga, della parapsicologia, eccetera. Prove lievi che riguardano un figlio giovane, un cugino, un fratello, un cognato. Prove relative a raggiri o furti subiti. Lieve pericolo di incidente stradale. Flusso di corrispondenza anonima e calunniatrice.

VENERE DI RIVOLUZIONE NELLE CASE

È una pedina non trascurabile sulla scacchiera degli avvenimenti dell'anno e sarebbe ingiustificato sottovalutarla. Venere non ci può offrire soluzioni miracolistiche, ma abbastanza valide e, soprattutto, a differenza di Giove, non ha l'effetto "oscillatore bistabile" di cui si parla in altra parte del libro. Il perché non lo sappiamo e questo, forse, farà inorridire quegli studiosi che vengono affascinati soltanto dalle certezze assolute. Ma, credetemi, di certezze pseudoassolute è pieno il mondo, così come di venditori di fumo e di aria fritta. A me sembra che una dichiarazione di umiltà, di fronte a misteri di questo genere, lungi dal dover spaventare lo studioso, lo deve incoraggiare nella misura in cui tali incertezze scaturiscono da una lunga pratica, sono verificate "sul campo" e prescindono da qualunque teorizzazione che vorrebbe farci pensare che tutto debba necessariamente essere spiegato all'interno di un algoritmo, semplice o complesso che sia. A mio avviso, il tentativo forzato di volere fare necessariamente quadrare il cerchio, non dovrebbe affascinare, ma insospettire.

Venere in prima Casa di Rivoluzione ci dispone più amorevolmente verso gli altri e distilla in noi quel liquore chiamato buonismo. Sicuramente ci pone in un atteggiamento più indulgente ed anche più autoindulgente. Desideriamo di più proiettarci centrifugamente verso l'esterno e crediamo di più nel genere umano. Ma, spesso, è anche vero che tale posizione fa lievitare la quota, piccola o grande all'origine, di narcisismo che è in noi. In tal senso non dovremo meravigliarci se in quest'anno inizieremo ad indossare un braccialetto d'oro (gli uomini), a portare un orecchino, a tingerci i capelli, a curare parecchio il nostro aspetto fisico. La posizione in oggetto può anche rappresentare una protezione per la salute e, più ingenerale, una protezione verso tutte le avversità dell'anno. Se l'astro è presente insieme ad uno o più malefici, può esercitare un'azione calmierante che finisce per giovare all'economia dell'intero anno preso in considerazione.

In seconda Casa, come dicevo prima, non troviamo un effetto "oscillatore bistabile". Con Giove, infatti, come già detto in altri capitoli, possiamo avere delle vere e proprie emorragie di denaro, oltre che dei flussi consistenti ed in entrata di soldi. Con il quarto pianeta del sistema solare, invece, gli effetti positivi si potranno leggere ad una o più ottave più in basso, ma – decisamente – quasi sempre di segno positivo. È un aiuto non trascurabile che vale di più di un generico "ricostituente", di un "epatoprotettore". Talvolta Venere aiuta realmente ad uscire da una contingenza seria. Può rappresentare una piccola fortuna che arriva in nostro soccorso, dei soldi extra che ci aiuteranno a risolvere l'emergenza, un prestito di un parente o di un amico, una risorsa imprevista, un atteggiamento più tollerante da parte dei nostri creditori, la possibilità di un nuovo guadagno. Possibili effetti anche relativamente al discorso amore per la fotografia, il cinema, il teatro, l'immagine in senso lato. È assai probabile che acquisteremo fotocamere, videocamere, televisori di grosso formato, monitor ad alta risoluzione per il computer, schede grafiche velocissime, attrezzature per il CAD o per la grafica in genere al computer, videoregistratori, eccetera. Acquisto di visibilità o di maggiore visibilità attraverso una trasmissione televisiva, delle foto su di un giornale, la menzione in un libro, eccetera. Nuovo interessante look. Abbellimento fisico ottenuto attraverso un intervento di chirurgia plastica. Denaro speso per oggetti d'arte o per l'amore o per la persona amata. Denaro ottenuto attraverso l'intervento del partner.

In terza Casa può indicare l'acquisto di una macchina nuova oppure, avendo una influenza un po' inferiore a quella di Giove, magari solo dei lavori di maquillage alla stessa. Possibili brevi viaggi, soprattutto di piacere, nel corso dell'anno. pendolarismo piacevole. Viaggi o spostamenti per motivi sentimentali. Migliori rapporti con fratelli o sorelle, cugini e cognati. Anno positivo per uno di questi. Buone possibilità negli studi di ogni ordine e grado. Capacità di seguire con profitto corsi d'ogni genere, da quello per l'esame di patente di guida all'istruzione sul computer o all'apprendimento di una lingua straniera. Potenziamento degli strumenti di comunicazione e di telecomunicazione. Ottimo anno per passare ad un telefono cellulare, ad un cordless, ad un apparecchio fax, una centralina telefonica, un'antenna satellitare, una stampante buona per il computer. Apprendimento di software di videoscrittura. Buone possibilità di scrivere, dai semplici articoli ad opere intere. Lo stesso vale per i compositori di musica. Parentesi sentimentale per un congiunto stretto. La stampa potrebbe occuparsi, in positivo, di noi.

In quarta Casa troviamo, sovente, Venere quando nel corso dell'anno riusciamo finalmente a goderci una casa nella quale sono stati fatti dei lunghi lavori. Oppure la stessa posizione annuncia un cambio di residenza, il miglioramento della propria condizione abitativa che cambia, da caso a caso, riferito anche all'età. Per esempio, per dei ragazzi può significare poter disporre di una stanza più grande dopo il matrimonio del fratello o della sorella maggiore. Per una moglie o per un marito abbiamo, spesso, il ritorno alla propria casa dopo una separazione. Un genitore sballottato a lungo tra dimore poco accoglienti trova, finalmente, la giusta sistemazione in una casa propria o presso un figlio o una figlia. Altre volte la stessa posizione indica dei lavori nel proprio appartamento che lo rendono più bello e più accogliente, ma si tratta di una posizione meno frequente, in questo caso, di quella che vede Marte nella stessa posizione: il pianeta igneo illustra meglio il travaglio degli operai in casa, lo sfacelo di settimane di polvere, freddo, inagibilità dei locali... In ogni caso si tratta quasi sempre di vantaggi immobiliari, meno potenti di quelli illustrati da Giove, ma niente affatto trascurabili. Possibile miglioramento di salute per un genitore o di rapporti tra noi e i nostri genitori.

In quinta Casa vi sono probabilità assai alte di un nuovo amore o di un rafforzamento notevole di un amore precedente. È davvero una buona posizione che difficilmente abbiamo visto venire meno alle giuste aspettative di chi la ospita. Con ciò non voglio dire che la stessa generi miracoli, da un punto di vista sentimentale: miracoli certamente no, ma effetti positivi sì. Se non si tratta di un miglioramento della vita sentimentale, potrà trattarsi, invece, di un anno vissuto più piacevolmente, sul piano ludico e ricreativo. Più cinema, più teatro, più discoteche, più cene fuori, più viaggi, più gioco. Quest'ultimo può essere quello classico, con le carte, oppure qualunque altro secondo l'antico motto "dove c'è gusto non c'è perdenza...". Ci si può divertire con i mezzi più vari e, dunque, non dobbiamo sforzarci più di tanto nel tentativo di capire, a monte, quale sarà il settore intercettato. Buone notizie dai figli, sul piano scolastico, su quello sentimentale o di salute. Miglioramento nei rapporti con gli stessi. Periodo favorevole all'insegnamento o alla messa al mondo di prole. Nascite non solo in senso genetico. Arrivo di nuovi hobby. Miglioramento della propria salute attraverso una vita fatta di maggiori svaghi. Più sesso.

In sesta Casa Venere di Rivoluzione aiuta, abbastanza, ad uscire da problemi di salute. Nelle convalescenze, nei postumi operatori, dopo un incidente, questa posizione è una delle migliori per recuperare salute e benessere. Anno ottimo per iniziare una cura, una nuova terapia, l'inizio di un'attività di palestra, di massaggi, di fanghi, di cure termali in genere, di diete disintossicanti o dimagranti, di interventi estetici di vario genere. Difficilmente tale posizione si esprime al negativo. Per questo motivo non mi preoccupo, quasi mai, di vedere se i pianeti sono ben aspettati o mal aspettati nelle Case di Rivoluzione: sto sempre aspettando di vedere il caso di un soggetto che aveva un bellissimo Sole di Rivoluzione in dodicesima Casa ed a cui non è capitato nulla di drammatico, di grandemente negativo. All'opposto mi è capitato pochissime volte, o forse mai, di leggere una Venere in sesta che agisse male per la salute. Con la suddetta posizione astrale è possibile anche trovare un valido collaboratore per l'ufficio o per la casa o tentare di trovare lavoro o un nuovo lavoro. Miglioramento dei rapporti all'interno dell'ambiente di lavoro. Possibile amore con collega o superiore o collaboratore. Soldi spesi per la salute.

In settima Casa, per quanto riguarda Venere, ci troviamo assai distanti dalla condizione spiegata relativamente all'omologa posizione di Giove di transito: la sua posizione, nella quasi totalità dei casi, è propizia al matrimonio, alla convivenza, alla salute di qualunque rapporto. Essa suggerisce una possibile riconciliazione, per quelle coppie in crisi, oppure l'inizio di un nuovo legame, di una convivenza, di un matrimonio. Favorevole anche ai rapporti di società con terzi, nel campo commerciale, artigianale, politico, di studio, eccetera. Dà una mano anche a risolvere favorevolmente le questioni legali o ad iniziarne di nuove che partiranno assai positivamente. Possibile miglioramento professionale o di salute per il coniuge. Inizio di una attività in campo politico. Amore per il compagno o per la compagna.

In ottava Casa Venere facilita le acquisizioni di denaro relative al proprio lavoro o, più probabilmente, dipendenti da vincite, donazioni, eredità, aumenti di capitale del coniuge, eccetera. Con tale posizione astrale è possibile, abbastanza facilmente, ottenere prestiti, sovvenzioni, finanziamenti, purché – ovviamente – gli stessi siano in rapporto alle reali condizioni specifiche affinché gli stessi vengano concessi. In altre parole, se il soggetto non possiede alcun immobile, è del tutto improbabile che gli venga concesso un finanziamento di una grossa cifra, con o senza Venere di Rivoluzione nella Casa ottava.

La cosa potrebbe sembrare del tutto ovvia e quindi inutile da sottolineare, ma, invece, continuiamo a registrare notevoli aspettative dai fruitori delle informazioni astrologiche i quali, spesso, fanno lievitare eccessivamente le proprie speranze di guadagnarsi dei passe-partout per la ricchezza o per la felicità. Questa stessa posizione, sovente, ci informa di una piacevole attività sessuale del soggetto. Vantaggi da una morte o da scavi di ogni genere, compresi quelli nel proprio Io profondo.

In nona Casa Venere ci regala, spessissimo, dei viaggi assai piacevoli o un amore con uno straniero. Quest'ultimo potrà essere, semplicemente, anche, il cittadino di una città diversa dalla nostra. Possibile amore durante un viaggio. Viaggio con il proprio partner e relativa soddisfacente parentesi sentimentale. Periodo ottimo, in particolare, per crociere. Favoriti tutti gli studi superiori o relativi a materie poco convenzionali, come la filosofia, la teologia, l'astrologia, la parapsicologia, l'esoterismo, lo yoga, l'orientalismo, eccetera. Trasferimento vantaggioso, per il lavoro. Risoluzione di un problema di salute, nostro o di una figura femminile a noi assai vicina, in ospedale straniero o appartenete ad un'altra regione. Fortuna economica fuori. Miglioramento della propria condizione economica attraverso commerci con persone o con paesi stranieri.

In decima Casa è certamente una buona posizione per il nostro lavoro, per ottenere riconoscimenti di prestigio o sostanziosi da un punto di vista economico. Favorite le condizioni per una migliore carriera, per un avanzamento di grado, per ottenere un incarico di maggiore responsabilità. Premio ricevuto, in denaro o sotto forma di un titolo accademico. Affermazione di un'opera del nostro talento, del nostro ingegno, della nostra perseveranza. Periodo di espansione professionale. Buone condizioni per iniziare un nuovo lavoro. Situazione sentimentale soddisfacente per nostra madre o migliori rapporti tra noi e lei. Sua affermazione professionale o suo miglioramento per quanto attiene alla salute psicofisica.

In undicesima Casa Venere ci dona, solitamente, delle buone e nuove amicizie oppure migliora i nostri rapporti di amicizia che precedentemente si erano deteriorati. Possibili aiuti economici da parte di amici. In questi dodici mesi potremo toccare con mano cosa può voler dire la solidarietà degli amici, quando le condizioni del nostro cielo di nascita lo suggeriscono (chi ha un cattivo Saturno di nascita in undicesima, difficilmente potrà approdare alla condizione prima segnalata). Possibili aiuti da persone influenti, anche se queste non possono considerarsi nostri amici. Ottimo progetti per il futuro. Aiuto a scansare un pericolo di vita, per noi o per un nostro caro.

In dodicesima Casa Venere agisce esattamente come Giove, ma ad una ottava più giù. Ci aiuta a superare tutte le prove in corso, dalle malattie, alla conflittualità nei rapporti, ai problemi di legge o economici, ai dispiaceri per i figli, per i congiunti, eccetera. La sua azione è particolarmente utile quando nella stessa Casa di Rivoluzione capitano anche dei malefici: in tal caso Venere porta avanti un'azione calmierante, di protezione a trecentosessanta gradi. Buona posizione anche per tutte le attività di ricerca o per le soddisfazioni che potremmo ricevere dal volontariato, dall'assistenza ai poveri, ai vecchi, ai malati, a tutti coloro che soffrono. Recupero dopo una malattia. Un piccolo angelo custode che scende dal cielo per aiutarci. È vero anche, però, che la stessa posizione si riferisce, sovente, a prove d'amore nel corso dell'anno.

MARTE DI RIVOLUZIONE NELLE CASE

È una posizione davvero temibilissima, molto più di quella di Saturno, Urano, Nettuno e Plutone. Il perché non lo so, ma è così. Dopo la presenza di Ascendente, stellium e Sole di Rivoluzione nella dodicesima, prima e sesta Casa, quella di Marte nelle stesse tre Case è davvero una condizione pericolosissima. Anche nelle rimanenti nove Case Marte si fa sentire parecchio e, quasi sempre, si tratta di dolori. Studiate attentamente le note che seguono e verificate. La radicalità di tale astro è seconda soltanto a quella di Urano, tuttavia, nel tempo in cui vive e muore una Rivoluzione solare, essa sembra acquistare una forza penetrante assai più intensa di quella del governatore dell'Aquario.

In prima Casa Marte è davvero assai cattivo. Come sempre, però, bisogna distinguere se il soggetto è un ragazzo, un adulto o un vecchio. In quest'ultimo caso i danni possono essere gravissimi. I ragazzi se la possono cavare con un'operazione alle tonsille o all'appendice oppure con delle estrazioni dentarie, una caduta dal motorino, la frattura di un arto. Per gli adulti, solitamente, le cose sono parecchio più pesanti e detta posizione può indicare anche malattie e operazioni di rilievo che possono andare dall'asportazione di calcoli alla cistifellea al tumore, dal trapianto all'infarto. Si tratta, certamente, di una delle posizioni più gravi in assoluto in una Rivoluzione solare. C'è da dire, tuttavia, che se anche essa si riferisce, nella stragrande maggioranza dei casi, a un'operazione, un incidente o una malattia fisica grave, talune volte, e non proprio raramente, la stessa può indicare un grave stato di preoccupazione del soggetto, una sua prostrazione psichica, una crisi nervosa, una forte depressione, uno stato di angoscia. Tutte queste cose possono essere prodotte da forti dispiaceri della vita sentimentale (come essere abbandonati dal partner), della situazione economica (che registra un crollo), della situazione lavorativa (dei politici la cui carriera cambia in negativo dopo uno scandalo, che sono incriminati per corruzione, eccetera), della situazione affettiva (in seguito alla morte di una persona cara) e via dicendo. Dunque a volte il transito riguarda più l'aspetto psicologico che quello fisico, ma non l'uno in maniera più lieve dell'altro. In un solo caso possiamo parlare di transito non cattivo: per quei soggetti che hanno un Marte assai debole di nascita, per esempio in Bilancia o in Cancro, la presenza di Marte di Rivoluzione in prima Casa può indicare un anno alla grande, all'insegna di decisioni prese di forza, di azioni concrete e immediate, con un attivismo che provoca piaceri mai provati dal soggetto. Anche in questi casi, tuttavia, accanto al lato assai positivo della cosa, dobbiamo registrare sempre un possibile incidente con la moto, una caduta per le scale e via dicendo. Indubbiamente – e per tutte le fasce di età considerate e per qualunque condizione prima descritta – ci sarà anche tanta energia in più accompagnata da altrettanta aggressività, subita o fatta subire e quindi il pericolo di litigi/rotture lieviterà di parecchio nel corso dei dodici mesi in oggetto. Anche l'energia sessuale (per l'uomo) potrebbe beneficiare di tale posizione e, di conseguenza, l'intensità sessuale nei rapporti di tutto l'anno.

In seconda Casa, quasi sempre, Marte è responsabile di un'emorragia di denaro. Ci si lascia prendere la mano e si spende parecchio, troppo, più di quanto sia possibile, con la conseguenza di un indebitamento o del prosciugamento di tutte le proprie risorse. Si può trattare anche di furti subiti, di rapine, di truffe, ma bisogna includere nell'elenco negativo anche i prestiti concessi e non più recuperati e soprattutto le spese eccessive. Troviamo questa posizione molte volte quando ci sono anche valori di quarta Casa: pensiamo di spendere dieci per certi lavori in casa e finiamo per spendere cinquanta o cento. A volte preventiviamo solo una spesa importante, come il computer o la macchina nuova, e poi ci arrivano addosso tasse arretrate, lavori condominiali, viaggi non messi in preventivo, malattie e cure costose, aiuti per familiari in difficoltà, ed ecco che il "tappo" salta. Vanno assolutamente evitate le speculazioni in borsa e tutte le forme di investimento commerciale, imprenditoriale o industriale in senso lato, a meno di forti, evidenti e rassicuranti segnali opposti, in diversi altri punti della Rivoluzione solare del soggetto e anche nella sua storia passata. In alcuni casi, ma si tratta della minoranza, la posizione suddetta può essere positiva nel senso che il soggetto impegna parecchia libido nella direzione dei guadagni e si dà da fare, perciò, a incrementare i suoi sforzi per portare a casa più soldi. Altre volte questa posizione ci informa di una maggiore attenzione del soggetto verso gli argomenti legati all'immagine, come la fotografia, il cinema, il teatro, la grafica, la grafica al computer, la grafica pubblicitaria, le presenze in televisione, una maggiore visibilità spesso conquistata con insistenza. In tal senso si debbono leggere delle spese consistenti che appunto riguardano gli strumenti tecnici, dal software all'hardware, per realizzare quanto appena elencato. È pressoché impossibile non trovare una di queste forme presenti nel corso dell'anno in esame e dunque spingete il vostro "interrogatorio" in maniera serratissima per comprendere di cosa si è trattato. Qualcuno dice: "Ho solo imparato a usare bene la videocamera o la macchina fotografica..." E vi sembra poco? Ricordate che ci stiamo riferendo sempre ai dodici mesi di Antonio Maggioli o di Serena Rossi o di Pinco Pallino e non necessariamente al diario dell'anno più importante nella vita di Napoleone Bonaparte. Maggiori cure nel proprio abbigliamento. Movimenti di energie per migliorare il proprio aspetto fisico. Un look che migliora anche per l'impegno della volontà: per esempio facendo sport e perdendo dei chili. Possibile intervento di chirurgia estetica. Grande, maggiore, attenzione per il proprio abbigliamento e il proprio look generale. Possibili apparizioni in TV o sui giornali. Probabili soldi contestati sul lavoro o in famiglia.

In terza Casa, anche se la cosa può sembrare banalissima, Marte annuncia, quasi sempre, un incidente con la macchina, con la moto, con la bici, salendo sull'autobus o attraversando la strada. L'incidente sarà più o meno grave a seconda delle altre posizioni della Rivoluzione solare e dell'insieme dei transiti in gioco. Altre volte lo stesso può significare il furto dell'auto o della moto oppure dei danni, per guasti, subiti dagli stessi veicoli. Può anche avvenire che, nel corso dei dodici mesi intercettati dalla Rivoluzione solare, avremo delle cattive notizie, dei dispiaceri o dei litigi relativi a fratelli, sorelle, cugini, cognati, zie e zii, nipoti maschi e femmine. Talvolta può trattarsi anche di fatti gravi, se la Rivoluzione solare richiama anche valori di dodicesima, di prima, di sesta e undicesima Casa, con – al limite negativo – il pericolo di gravi malattie, di incidenti o di morte di uno di questi congiunti. Qualcuno, allora, leggendo tali righe, potrebbe essere indotto a non piazzare mai Marte in tale settore del cielo di Rivoluzione: sbagliatissimo! Dirò di più: tutte le volte che nel giorno del compleanno Marte e Saturno (e magari anche Urano o Nettuno o Plutone) distano dieci-quindici gradi tra di loro, o anche molto meno, personalmente tento di farli cadere in tale Casa perché la ritengo la meno pericolosa. Qualcuno potrebbe osservare che, così facendo, io metterò a rischio la vita dei miei cari in questo specifico segmento familiare, ma non sono d'accordo. In primo luogo, perché penso che se noi riteniamo pericolosi i prossimi mesi per un nostro fratello, per esempio, dovrà essere lui a partire e non noi a schivare la terza Casa e, in secondo luogo, per le ragioni generali spiegate nel mio libro *Nuovo Trattato di Astrologia*, Armenia. Inoltre potremo avere un fastidiosissimo pendolarismo nel corso dell'anno o, comunque, parecchi spostamenti sgradevoli. Crisi negli studi o grosse difficoltà negli stessi, bocciature agli esami, perdita di concorsi. Guasti importanti e danni rilevanti anche nelle apparecchiature di telecomunicazione, come l'apparecchio fax, il telefono cellulare, il cordless, l'antenna satellitare, la stampante del computer, il modem, la linea veloce di Internet e via dicendo. Problemi con la stampa, attacchi dai giornali o dalla televisione, polemiche scritte. Maggiore aggressività da e verso l'ambiente circostante, come nei rapporti estemporanei e poco importanti: con l'impiegato allo sportello, con il fattorino sul tram, con il commesso nel negozio, eccetera. Danni relativi alle spedizioni: pacchetti che inviamo e che non giungono mai a destinazione, lettere che ci giungono aperte, colli danneggiati durante il trasporto. Danni derivanti dal fumo e alle vie respiratorie in genere. Tra gli incidenti di movimento o spostamento possono essere rubricati, in tal caso, anche quelli relativi all'attraversamento stradale, alla caduta per le scale di casa, alle cadute da una scala portatile o mentre si corre per rispondere al telefono e via dicendo. Un nostro viaggio potrebbe essere impedito da scioperi, manifestazioni di protesta in genere, guasto a un aeromobile, eccetera.

In quarta Casa si tratterà, quasi sempre, di lavori da effettuare tra le pareti domestiche o in ufficio, nel laboratorio, nell'officina. È una delle posizioni meno "cattive" del pianeta igneo, ma – tuttavia – non dobbiamo sottovalutarla. A volte i danni all'abitazione possono essere notevoli, come crolli, incendi, avvallamenti del pavimento. Altre volte si tratta di danni in senso economico: tasse da pagare, mutui cui non si riesce a far fronte, grosse spese per lavori di ristrutturazione. Oppure tale posizione può voler dire ricevere lettere di sfratto, avere contenziosi con un inquilino, con l'amministrazione dello stabile, con un vicino di casa, con il custode. Altre volte l'aspetto sta ad indicare problemi di salute per i nostri genitori e/o i suoceri (anche i genitori di un fidanzato o di una fidanzata, di un amante, ecc.) o nostri litigi con gli stessi. Possibili ricoveri ospedalieri per noi o per i nostri genitori. Attenzione alla caldaia per il riscaldamento, alle bombole del gas, a possibili cortocircuiti. Sarà più prudente avere un estintore in casa, come anche custodire bene la casa in nostra assenza, perché potremmo ricevere la visita dei ladri. Danni alle memorie di massa del computer e rischio di perdere i dati dei nostri archivi. In questi ultimi anni (vedi – nella postfazione del libro – il capitolo sulla questione della salute) una posizione del genere indica, con una probabilità abbastanza alta, il pericolo di un ricovero ospedaliero o di un intervento chirurgico. Con le regole dell'esorcizzazione dei simboli (per esempio quelle descritte nel libro Astrologia Attiva, edizioni Mediterranee), sarà possibile controllare, con una certa sicurezza per noi, tale aspetto. Sarebbe cosa saggia sottoporci volontariamente a un piccolo intervento chirurgico circa un mese dopo il compleanno: non nei pericolosi venti giorni dopo lo stesso e neanche diversi mesi dopo, quando Marte potrebbe avere scelto da sé dove colpire... In altri casi il soggetto può lamentarsi perfino di avere trascorso, con Marte di RS in quarta Casa, l'anno peggiore della propria vita, ma soltanto perché ha avuto una maggiore conflittualità nel proprio habitat lavorativo o domestico. E se il soggetto fosse finito sotto un treno, parlerebbe allo stesso modo?

In quinta Casa Marte accompagna, quasi sempre, una maggiore conflittualità nel rapporto sentimentale. Tuttavia questo non vuol dire, necessariamente, la fine di un rapporto di coppia. Nella maggioranza dei casi è solo clima più teso, discussioni, contrasti anche a carattere giornaliero. Solo in una minoranza dei casi, se il resto della Rivoluzione solare e dei transiti è cattivo, allora si può temere una separazione o una separazione definitiva. Limitatamente a casi rarissimi, quando il quadro complessivo è davvero esiziale, allora potrebbe indicare grave malattia o morte del partner. Possibili contrasti anche con i figli o preoccupazioni per gli stessi, motivate o meno. Certo l'aspetto può riguardare malattie dei nostri ragazzi o bocciature a scuola, crisi sentimentali che li gettano nella depressione, problemi di droga, di cattive compagnie, di incidenti con la moto, eccetera. Altre volte Marte in quinta ci parla di un aborto nel corso dei dodici mesi intercettati dalla Rivoluzione solare oppure di una gravidanza difficile, di un parto cesareo, di problemi post-parto. Nella sua migliore espressione, invece, questo singolo item zodiacale sta ad indicare parecchie energie spese nel divertimento, una libido assai orientata in senso ludico e ricreativo, svaghi a mezzo dello sport, intensa attività sessuale, hobby marziali, primato sportivo di un figlio, momento di grandi energie per un nostro ragazzo.

La quinta Casa è anche quella dei nostri figli "indiretti": gli alunni a scuola per gli insegnanti, ma anche un nostro socio giovane che consideriamo un secondo figlio. In questi casi possiamo e dobbiamo attenderci fatti spiacevoli legati a tale microuniverso esistenziale. Possibile nostro grosso litigio con un figlio o una figlia, ma anche grosso litigio di un nostro figlio con sua moglie. Tante energie spese nella realizzazione di un nuovo interessante hobby. Esordi in attività artistiche o creative in genere: teatro amatoriale, TV, danza, pittura, scultura, eccetera. Possibile passione (dannosa) per il gioco o le speculazioni in genere (anche gli investimenti bancari).

Marte in sesta Casa è una delle tre posizioni pericolosissime, con la prima e con la dodicesima. Per i soggetti adulti o maturi o anziani stabilisce il pericolo di una malattia anche importante nel corso dell'anno, di una operazione o di un incidente con conseguenze sul fisico. Si va dalle patologie più lievi, come una gastrite o una bronchite, fino alle malattie gravissime, agli infarti, ai trapianti, alla rianimazione in caso di incidenti stradali. Come sempre, per comprendere il livello di pericolosità di tale posizione, occorre considerare l'insieme del cielo di Rivoluzione e di quello di nascita. Il programma *Scanner* di *Astral*, con il suo indice di pericolosità dell'anno, può aiutare a comprendere il livello di gravità della cosa, ma, seguendo le regole esposte in questo libro, potrete farne tranquillamente a meno e decidere da soli. L'età, lo ripeto ancora una volta, è fondamentale, per cui un ragazzo corre davvero pericoli poco (relativamente) gravi. Spieghiamo meglio questo concetto. Io non voglio teorizzare che i ragazzi non possano essere soggetti ad ammalarsi di tumori maligni o a subire infarti cardiaci. Dico solamente che per loro le probabilità sono davvero minime. Cito un numero a caso che sarà certamente sbagliato, ma che può rendere l'idea: diciamo che un ragazzo ogni tremila si ammala di cancro. Allora è come se noi, al ragazzo che è venuto a consultarci, dessimo nelle mani una pistola a tamburo, con tremila posizioni per le pallottole e poi inserissimo nel tamburo un solo proiettile facendo girare più volte il meccanismo della pistola. Quindi, suggerendo al giovane di provare la roulette russa su sé stesso, immaginiamo di scommettere tutto quello che abbiamo che egli non si ucciderà: il calcolo delle probabilità è assolutamente a nostro favore (queste considerazioni, ultimamente, sono state da me riconsiderate, in parte, alla luce di quanto scritto nella postfazione del presente libro e a proposito della "Questione della salute"). Nel caso di un cinquantenne, invece, forse non stiamo nel rapporto di probabilità di uno a uno, ma certamente neanche di uno contro tremila. Con questo voglio dire che per i ragazzi un Marte in sesta, come in prima o in dodicesima, non deve spaventare più di tanto. Poi, sia per i ragazzi che per gli adulti, lo stesso può riferirsi anche a un problema psicologico e non somatico. Per esempio, se riceviamo un brutto dispiacere, una delusione, un tradimento dalla persona amata, un guaio con la giustizia, la perdita di un lavoro, una caduta economica, un grave lutto, allora Marte in sesta sta ad indicare un periodo di grande sofferenza e non necessariamente una polmonite o un aborto. Tra le maggiori probabilità di disgrazie che, ripeto, dobbiamo considerare a trecentosessanta gradi e non solamente relative alla salute (spero che questa volta sia abbastanza chiaro perché ho scritto altre volte tutto ciò e pochissimi lo hanno compreso), vi sono quelle relative al lavoro, a vertenze legali promosse da dipendenti o ex dipendenti, incidenti sul lavoro, grosse liti nell'ambiente di lavoro. Quasi mai, per non dire mai, ho visto una espressione positiva di tale posizione, anche se la stessa è sorretta da trigoni e sestili o anche se cade in trono. Non dimenticate, inoltre, che anche quando – apparentemente – non ci accade nulla di grave durante l'anno, potremmo – invece – avere subito danni notevoli e non saperlo, come nel caso dell'inizio di una patologia importante che soltanto qualche anno più tardi si manifesterà in tutta la sua evidenza (pensate, per esempio, al caso dell'epatite C che colpisce ogni anno migliaia di nuove persone, che in massima parte ignorano e ignoreranno, per anni, di avere contratto la malattia).

In settima casa Marte mi fa un po' più paura che in ottava e perciò, se dovessi indicare (ma non lo faccio) una quarta Casa assai cattiva, dopo la prima, la sesta e la dodicesima, direi la settima. Si tratta, nel novantanove per cento dei casi, di carta bollata. La stessa può significare liti con il partner, separazioni, divorzi, contenziosi con o senza la presenza dell'avvocato. Ci può essere, però, anche carta bollata senza alcun riferimento al proprio rapporto di coppia. Possiamo avere guai con la giustizia, subire un processo, delle gravi sanzioni disciplinari, delle multe salate, dei controlli da parte della Guardia di Finanza, delle accuse più o meno violente, a mezzo stampa, televisione, lettere più o meno intimidatorie. Con Marte in settima potremmo anche subire attentati mafiosi a nostre proprietà o alla nostra persona. Pericolo di gambizzazioni. Nei casi più gravi pericolo di essere assassinati, ma sempre se troviamo delle validissime giustificazioni per una ipotesi tanto grave (tutti i cieli dei familiari si dovrebbero esprimere in tal senso). Le liti possono riguardare anche un vicino di casa, il custode, l'amministratore del palazzo, un collega, un avversario politico. È possibile che subiremo il ritiro della patente o che saremo incriminati per avere offeso un pubblico ufficiale. Rischiamo anche di essere picchiati per il furto dell'auto o del telefonino da parte di un tossico-dipendente. La carta bollata potremmo anche essere noi a muoverla, per rivendicare un credito, per mettere giustizia relativamente a un torto subito, per difenderci da una calunnia. Anno in cui lieviterà la nostra belligeranza, da intendersi anche come militanza attiva in un partito, guerre o crociate in favore dei deboli, degli oppressi, delle minoranze di ogni genere. Marce per l'ecologia, contro il razzismo, per il lavoro. Stagione di grandi ideali e di fervore politico o religioso. Tentativi di entrare in polizia, tra i carabinieri, nell'esercito. Tuttavia, anche se la vogliamo leggere in positivo, sospinti da un sano, assai sano ottimismo, questa è davvero una pessima posizione nella Rivoluzione solare, da trattare con i guanti perché, nel migliore dei casi, essa indicherà comunque un periodo di dodici mesi caratterizzato da una dichiarata ostilità da parte degli altri nei nostri confronti e nel quale non potremo attenderci alcuna indulgenza e nessuno sconto da parte del prossimo.

In ottava Casa Marte, come per la seconda, annuncia quasi sempre emorragie di denaro. È difficile potersi sbagliare al riguardo e questa posizione ha un altissimo grado di verificabilità: anche un cieco o un rappresentante del CICAP potrebbe accorgersene. Per lo più si tratterà di spese di ogni genere e, in particolare, per la casa o per l'auto, ma si parla anche di furti, rapine, scippi, truffe, prestiti fatti e mai recuperati, tasse da pagare, rate di mutui, debiti del nostro partner, eccetera. Dovremo stare anche attenti a possibili perdite al gioco. Altre volte si tratta di questioni legali inerenti eredità, lasciti, donazioni, pensioni, liquidazioni. Litigi con parenti per questioni ereditarie. In casi assai più rari potrà trattarsi di grossi dispiaceri relativi a lutti o pericoli di vita di nostri familiari. Maggiore attività sessuale. Possibile stress o paure relativi allo spiritismo, alla magia, all'occultismo. Paura della morte. Problemi a carattere sessuale. In detti dodici mesi andranno assolutamente bandite tutte le speculazioni in borsa o le attività di tipo imprenditoriale/commerciale/industriale, a meno che altre parti importanti del cielo di Rs o la storia della vita del soggetto non ci forniscano sufficienti rassicurazioni in merito. La paura di morte violenta per sé o per i propri cari, che quasi sempre terrorizza i neofiti e perfino i colleghi astrologi, è soltanto una rarissima eventualità che, a mio avviso, non va neanche presa in considerazione.

In nona Casa Marte ci parla, spessissimo, di incidenti stradali: con la macchina, con il furgone, con la moto, con la bicicletta o, semplicemente, attraversando la strada. Più in generale debbo dire che ho trovato questa posizione moltissime volte quando mi sono imbattuto in incidenti dei mie consultanti, incidenti anche di tipo assolutamente estraneo alla veicolazione, come la caduta da una scala, un ferimento accidentale, la rottura di un femore, un incidente nella pratica di uno sport, eccetera. Dunque una posizione piuttosto insidiosa, anche se non tra le più pericolose. Tante volte, infatti, si tratta banalmente di contrattempi nel corso di viaggi, come quando la compagnia aerea ci spedisce le valigie a Hong Kong mentre la nostra destinazione è invece Parigi, oppure andiamo in un albergo e durante la notte scopriamo, con terrore, che ci sono scarafaggi "vaganti". Possiamo anche avere grane legali all'estero, fastidi dalla polizia di un Paese che non è il nostro, aggressioni in un'altra città, disavventure finanziarie lontano da casa. A volte tale posizione suggerisce l'idea di cure mediche o operazioni chirurgiche presso qualche ospedale straniero. Possibili problemi universitari. Un nostro parente che sta male e che ci costringe a partire. Disavventure di viaggio di ogni genere, ma con – al primo posto – il pericolo di incidenti automobilistici (ogni anno, soltanto in Italia, muoiono, sulle autostrade, più persone di una qualunque delle nostre Guerre di Indipendenza e un esercito di persone resta senza gambe, senza braccia, senza occhi... Soltanto un volo ogni due milioni e mezzo di voli, al contrario, è destinato a terminare in un disastro e dunque appare del tutto immotivata la paura di volare con tale posizione astrale. Va da sé, però, che se il pilota – mettiamo di un *piper* – siamo noi oppure se viaggiamo in elicottero, allora le probabilità di incidente aumentano considerevolmente). Danni ai mezzi di trasporto. Lite con un nostro riferimento culturale straniero. Molte energie spese per imparare una lingua, anche relativa al computer. Crisi religiose e problemi derivanti dallo studio della filosofia, dell'astrologia, dell'esoterismo, della parapsicologia, eccetera. La suddetta posizione è certamente la peggiore per viaggiare, ma è anche quella che vorrei poter scegliere per tutta la vita: se la metto in rapporto a tutte le altre, mi rendo conto che è la meno cattiva di tutte.

In decima Casa Marte ha, solitamente, quasi lo stesso numero di significati positivi e di significati negativi. Molte energie spese per crescere professionalmente. Fatiche per migliorare la propria condizione lavorativa. Tantissimi sforzi per emanciparci rispetto a qualunque tipo di problema. Al negativo tale posizione suggerisce difficoltà sul lavoro, pericolo di perdere lo stesso, scandali che ci danneggiano professionalmente, guerre per motivi professionali, contrasti da parte di avversari, ma anche di amici o di soci sul lavoro, possibili danni alle nostre imprese, incidenti di tipo professionale (per esempio un medico che provoca la morte accidentale di un paziente). Crisi di salute di nostra madre (o di nostra suocera) o situazione conflittuale tra noi e lei. Nei casi assai gravi, se altre posizioni del tema e nella Rivoluzione solare lo confermano, anche morte di colei che ci ha messi al mondo. Assai meno enfaticamente e più probabilmente, un anno di veri intoppi per crescere ed emanciparci oppure lotte per la propria emancipazione: una giovane donna rompe i rapporti con la propria madre per andare ad abitare da sola. Un'operazione chirurgica ci può donare una maggiore emancipazione (per esempio, l'applicazione di arti artificiali).

In undicesima Casa Marte significa, nella stragrande maggioranza dei casi, lite con un amico o con un parente non stretto. Possibili lutti in famiglia, se altri elementi della Rivoluzione solare e dei transiti lo confermano. Pericolo di vita per amici o parenti: in questi ultimi anni in cui la malattia in genere e quella tumorale in particolare stanno progredendo intensamente, potremo assistere a una vera e propria piccola strage di amici, conoscenti, colleghi, parenti. Per coloro che praticano il compleanno mirato sarebbe, tuttavia, sbagliatissimo evitare tale Casa, per i numerosi motivi che ho spiegato tante volte e in molti miei libri. Contrasti con un personaggio potente che ci sponsorizzava. Molte energie spese per l'amicizia e per gli amici. Ci facciamo in quattro per sostenere le persone a cui vogliamo bene. Molte energie per progettare, in tutti i settori. Impegno in campo musicale. A un'ottava più giù, tale posizione è seconda soltanto a Marte in settima e ci porterà, certamente, tante ostilità da parte degli altri, gratuite nella maggioranza dei casi. Un clima di forte tensione ci accompagnerà lungo tutto l'anno e non comprenderemo perché riusciremo, senz'averne alcuna intenzione, a muovere tanta antipatia intorno a noi. Nei suddetti dodici mesi non potremo assolutamente attenderci sconti e/o indulgenze da parte di alcuno e per nessun motivo.

In dodicesima Casa Marte porta, generalmente, una grossa quantità di guai a tutto campo, oppure un solo specifico e gravissimo danno. Valgono le stesse considerazioni di Marte in prima Casa e in sesta Casa, per cui non vale la pena di ripetersi. Posizione pericolosissima per la salute, sia in senso fisico che mentale. Gravi crisi nervose, di angoscia, depressive, per un dispiacere sentimentale, economico, professionale, politico, per uno scandalo, per la perdita di una persona cara, per essere stati abbandonati o traditi dal partner, per una bocciatura a scuola, per problemi seri di salute, dai calcoli della cistifellea, al tumore, all'AIDS, all'infarto, al trapianto. Possibile carcerazione o ospedalizzazione. Incriminazione da parte della magistratura. Avvisi di garanzia. Scandali che ci riguardano o che riguardano un nostro caro. Gravi stati di agitazione mentale, anche dovuti alle previsioni maldestre di pseudomaghi o guaritori. Paura per presunta grave malattia. Nemici segreti che ci danneggiano in ogni modo. Rischi di perdere il lavoro, di essere licenziati. Guai a trecentosessanta gradi.

GIOVE DI RIVOLUZIONE NELLE CASE DI RIVOLUZIONE

È una posizione piuttosto importante perché ci dice dove saranno le nostre maggiori risorse nel corso dei dodici mesi intercettati dalla Rivoluzione solare. L'aiuto di Giove si rivelerà indispensabile ai fini del risultato globale dell'anno intercettato dalla Rivoluzione solare. Giove ci può dare una mano sia in senso propulsivo, offrendoci un atout in una direzione ben precisa, e sia come angelo custode, limitando i danni di una certa situazione. Occorre, però, stare attenti al suo "funzionamento" in tre Case in particolare: nella seconda, nella settima e nell'ottava. In questi tre settori il signore del Sagittario spesso si manifesta al contrario di quello che dovrebbe essere il suo comportamento classico. Si legga, in proposito, anche, quanto descritto relativamente al transito di Giove nelle stesse tre Case.

In prima Casa Giove ha un effetto solitamente assai positivo per quanto riguarda la ripresa dopo stati depressivi, abbattimenti fisici e mentali, convalescenze postoperatorie, uscite da forti contingenze economiche, professionali, sentimentali, familiari, crolli dovuti a lutti e dispiaceri vari. Coloro che vengono mossi, solitamente, da parecchia diffidenza, in questo caso abbassano la guardia, guardano con maggiore fiducia al prossimo, si caratterizzano per una maggiore ingenuità e per un minore senso critico. Favorevole ai contatti sociali, alle aperture in genere, ma dannoso sotto il profilo delle possibili buggerature che il soggetto potrà prendere dal prossimo. Bisogna fare particolare attenzione perché tale posizione facilita l'ingrassamento fisico, nella misura in cui fa rilassare e fa "allargare" il cuore. Nei casi più negativi può favorire le proliferazioni di ogni genere, anche quelle patologiche. Ipertrofia in generale, eccessi, esagerazioni nelle valutazioni.

In seconda Casa ci troviamo in una delle tre posizioni dove occorre stare particolarmente attenti al suddetto item. Si legga, nel capitolo relativo ai transiti di Giove, quanto scritto a proposito dell'oscillatore bistabile. Lo ripeto brevemente anche qui. In elettronica un oscillatore bistabile è un circuito che determina, per ogni impulso in ingresso, l'inversione del segnale in uscita. Per esempio, se arriva un primo impulso, l'oscillatore fa accendere una lampadina in uscita. Se ne arriva un secondo la fa spegnere, se ne arriva un terzo la fa accendere di nuovo e così via. Questo vuol dire che la sua posizione nelle tre Case citate, solitamente, determina una inversione dello stato precedente. In seconda Casa Giove di Rivoluzione significa, certamente, maggiore circolazione di denaro, ma la stessa può essere sia in ingresso che in uscita. Per capire quale delle due direzioni prenderà, occorre valutare la situazione nell'insieme. Facciamo degli esempi. Se tale posizione si associa a Case importanti, intercettate quell'anno, Case come la dodicesima, la prima o la sesta, allora, quasi certamente saranno soldi in uscita. Se si tratta di commercianti o di imprenditori cui sta transitando Saturno in seconda o in ottava, allora, quasi certamente, si tratterà di denaro in uscita. Se il soggetto sta facendo dei lavori in casa o sta acquistando un appartamento, con valori di quarta nella Rivoluzione solare, allora, anche qui, si parla di tanti soldi che escono, una vera emorragia di denaro. Se, viceversa, vi sono valori di quarta e l'interessato sta vendendo un appartamento, allora la posizione in oggetto starà ad indicare tanti soldi che entrano. Ragionando in questo modo, quasi sempre, è possibile stabilire la direzione del flusso di denaro. Se un operaio si trova in cassa integrazione ed ha dei brutti transiti, con Giove in seconda di Rivoluzione, potrà anche perdere del tutto il proprio lavoro e finire sul lastrico. Occorre anche considerare, e non sarà un elemento secondario dell'intera analisi, la situazione di nascita del soggetto: chi è capace di vendere le cavallette in Africa o i frigoriferi in Alaska, anche con questo transito aumenterà le sue entrate. Chi, invece, ha un'atavica sfortuna economica, si candiderà, nuovamente, a passare dei guai in questo settore. Tale posizione può anche segnalare un aumento della "visibilità" del soggetto che, probabilmente, nel corso dell'anno, parteciperà a delle trasmissioni televisive o presenzierà a cerimonie pubbliche,, verrà fotografato, ripreso nei telegiornali, eccetera. Probabili interessi, gratificanti, nel settore della fotografia, del cinema, del teatro, della grafica, della grafica pubblicitaria, del design, della grafica assistita dal computer. Acquisto di attrezzature relative ai settori appena citati. Abbellimento del soggetto, attraverso una dieta, un nuovo look, il taglio diverso dei capelli, i baffi e la barba, una nuova dentatura, un intervento di chirurgia plastica, eccetera. Molta nuova cura nell'abbigliamento.

In terza Casa, assai banalmente ma anche molto frequentemente, Giove accompagna l'acquisto di una vettura nuova o di una moto, un motociclo, una bicicletta, un furgone, un qualunque mezzo di trasporto. Possibili viaggi di piacere e tanti spostamenti. Pendolarismo felice, per un lavoro nuovo, per un amore, per un miglioramento nella salute. Tante comunicazioni e telecomunicazioni. Possibile acquisto di un telefono cellulare, di un apparecchio cordless o di un fax, di una centralina telefonica, di un'antenna satellitare, di un modem, di una attrezzatura per navigare in Internet, di una stampante per il computer, di un nuovo programma di videoscrittura. Ottime notizie che giungono per lettera, per telegramma, per fax, per telefono. Ottime cose negli studi. Diversi esami superati brillantemente per gli studenti universitari. Buone possibilità di superare concorsi. Iscrizioni fruttuose a corsi di lingue, per computer, per specializzazioni postlaurea, per stage, per seminari intensivi, per partecipare a conferenze, tavole rotonde, dibattiti. Buon periodo per scrivere. La stampa ci tratta positivamente. Ottime cose da fratelli, sorelle, cugini e cognati. Miglioramento nelle patologie polmonari. Buone sortite in senso commerciale.

In quarta Casa Giove accompagna, quasi immancabilmente, vantaggi immobiliari. Questi ultimi possono consistere in una buona operazione di compravendita, nella realizzazione di un importante affare immobiliare oppure in un trasloco o, anche, in lavori di ristrutturazione sia alla casa che all'ufficio. Ciò vale sia per le proprie proprietà che per quelle dove operiamo. Per esempio, per un impiegato di banca tale posizione può significare essere trasferito in una nuova e confortevole sede. Chi ha intenzione di acquistare una casa non dovrebbe farsi scappare tale posizione. Ottime cose anche per coloro che hanno dovuto sostenere, per anni, dei disagi ambientali e adesso, finalmente, possono entrare in possesso della propria casa. Giove in quarta può anche riguardare coloro i quali riescono, dopo aver tanto viaggiato, a godersi, per un certo periodo, la propria abitazione. Possibile eredità immobiliare. Da un altro punto di vista questa condizione può illustrare la migliore condizione dei nostri genitori e di nostro padre in particolare: sul piano economico, su quello professionale o su quello sentimentale e di salute. Migliori rapporti tra noi ed i nostri genitori. Possibile acquisto di un camper o di una multiproprietà.

Fitto di un nuovo studio o di una garçonniere. Acquisto di nuove ed importanti unità di memoria di massa per il computer.

In quinta Casa, di solito, Giove è abbastanza spettacolare e facilita, di parecchio, gli incontri sentimentali ed i nuovi amori, a meno che il soggetto non abbia un'atavica sfortuna in questo settore. Qui occorre fare una riflessione. Molti utenti di astrologia, che sono anche degli orecchianti della materia, pensano che una posizione del genere dovrebbe dare loro diritto, per default, all'amore. In effetti le cose non stanno affatto così e lo stesso discorso vale, per esempio, per le inaugurazioni. Mi è capitato parecchie volte che qualcuno si sia rivolto a me per avere la data buona di una inaugurazione di una attività commerciale e poi, a distanza di anni, si sia lamentato che, nonostante ciò, le cose siano andate malissimo, economicamente. Ma questo è abbastanza logico in quanto le variabili in gioco non sono solamente astrologiche, ma tengono anche conto, parecchio, delle condizioni di mercato e così, se qualcuno tenta di vendere pellicce ai tropici, anche se avrà inaugurato il proprio negozio sotto un cielo strepitoso, farà ugualmente la fame. Allo stesso modo abbiamo anche che un uomo decisamente brutto o assai poco attraente, se tenterà di conquistare una donna nel corso di un ricevimento in cui saranno presenti tanti brillanti ed affascinanti cadetti di una prestigiosa scuola navale, difficilmente riuscirà a trafiggere il cuore di una donna. Dunque la posizione astrale in oggetto, tra compleanno e compleanno, potrà portare un nuovo bellissimo amore oppure un ritorno di persona amata, ma a patto che le condizioni oggettive di cui sopra sussistano. In ogni caso il soggetto si divertirà di più, nel corso dell'anno. Tale svago potrà venirgli dal gioco delle carte, dai videogiochi, dalla musica, dal computer, ma anche dalla lettura dei testi di Tolstoi e di Verga: dove c'è gusto non c'è... A volte mi è capitato di ascoltare persone che hanno riconosciuto, a Rivoluzione solare terminata, che il loro divertimento c'è stato sicuramente e che lo stesso si è riferito, semplicemente, al piacere, ritrovato, di parlare con la gente, dopo un periodo di chiusura. Possibili attività sportive, più cinema, più teatro, più cene al ristorante, più week-end, più sesso, più discoteca, più concerti. Una o tante buone notizie dai figli. Superamento di un problema legato alla prole. Possibilità di generare un figlio, anche quando non lo si desidera: con la suddetta posizione aumenta fortemente la fertilità del soggetto, sia al femminile che al maschile. Solo in casi assai rari tale posizione deve leggersi al negativo e può indicare, per esempio, guai dai figli.

In sesta Casa il signore del Sagittario riesce, abbastanza bene, a sanare delle situazioni da un punto di vista salutare. È, infatti, di valido aiuto nella cura delle malattie e ci offre delle risorse, a volte inaspettate, in soccorso del nostro benessere psicofisico. Agisce parecchio bene nelle convalescenze e nelle riprese in genere dopo brutti periodi determinati da dispiaceri sentimentali, economici, professionali, dopo lutti importanti. Le cure che iniziano in tale Rivoluzione solare hanno tante più probabilità di giungere in porto, di ottenere dei risultati positivi, concreti. Periodo favorevole anche ad interventi chirurgici, soprattutto di carattere estetico. Possibile miglioramento nel lavoro o nei rapporti di lavoro. Ottime possibilità nell'assunzione di nuovi dipendenti, collaboratori per l'ufficio, collaboratrici domestiche, collaboratori part-time. Un vecchio rancore nell'ambiente di lavoro si avvia a positiva soluzione. Un nostro dipendente vive un ottimo momento, sotto vari punti di vista. Il lavoro che prima vivevamo con preoccupazione o duramente, adesso ci risulta piacevole o facile. Vantaggi in tutti i tipi di terapia, dai fanghi alle cure termali in genere, dallo shat-su alla fisioterapia alle diete dimagranti o disintossicanti alla palestra. Possibili gioie da un animale domestico.

In settima Casa Giove si comporta, più o meno, come quando è di transito nella stessa Casa. Solitamente, per l'effetto "bistabile" già spiegato, esso ci offre un aiuto a risolvere le problematiche del nostro rapporto sentimentale, di coppia, e quelle relative alla carta bollata. Se non abbiamo un legame sentimentale e lo desideriamo fortemente, se sussistono almeno le basi teoriche perché ciò possa avvenire, allora possiamo sicuramente sperare che avremo un incontro interessante nel corso dei dodici mesi successivi, un incontro importante che potrebbe anche diventare un rapporto abbastanza stabile. Anche se la nostra vita di coppia è stata recentemente turbata da una crisi, una separazione momentanea, una diffusa aggressività, con l'inizio della nuova Rivoluzione solare che contiene Giove in settima, ci sono davvero tantissime probabilità che il litigio si ricomponga, che noi riusciamo a ristabilire un clima pacifico e bello nel nostro ménage affettivo. Lo stesso vale per le questioni legali, per i processi, per le cause, per i guai in sospeso con la giustizia: se siamo indagati, se stiamo sotto processo, se sismo impegnati in una causa che ci logora, allora è assai probabile che troveremo una risorsa importante, un aiuto insperato, un appoggio miracoloso che ci toglieranno dai guai o che faranno pronunciare una sentenza a nostro favore o la meno dura possibile nei nostri confronti. Viceversa, se stiamo viaggiando magnificamente nel nostro rapporto di coppia e non abbiamo alcun problema con la legge, allora Giove in settima ci può portare grosse liti, separazioni, perfino un divorzio, carta bollata di ogni genere, guai con la legge, attacchi da parte delle istituzioni o di singoli, nemici dichiarati, perfino attentati o tentativi di ferimento, gambizzazioni, eccetera. Il meccanismo, come già detto, ci è ignoto, ma ciò non toglie che, sulla base di migliaia e migliaia di Rivoluzioni solari osservate e studiate, posso affermare tutto ciò con la certezza che questa regola vale nella stragrande maggioranza dei casi, per non dire al cento per cento. Lo stesso discorso relativo al coniuge, al compagno, alla compagna, vale – ovviamente – anche per un eventuale socio, in affari, negli studi, in politica, eccetera.

In ottava Casa, come in seconda, Giove significa di certo un notevole maggiore flusso di denaro, relativamente al bilancio del soggetto interessato (pochi milioni per qualcuno e miliardi per altri), il quale flusso può essere sia in entrata che in uscita e può dipendere da eredità ricevute, donazioni, vincite al gioco, liquidazioni, pensioni, arretrati, guadagni extra, affari, mediazioni, ma anche perdite al gioco, furti, grosse spese per la casa, debiti del partner, truffe subite, prestiti fatti e mai recuperati, eccetera. Se non stiamo attenti, con questa posizione rischiamo di avere delle vere e proprie emorragie di denaro. A volte i suoi effetti sono ingannevoli perché, per esempio, esso ci favorisce in una richiesta di prestito, di sovvenzione, di finanziamento, riuscendo anche a farci elargire grosse cifre, ma poi non saremo in grado di restituire queste somme e, dunque, alla fine, la sua posizione in ottava Casa si rivelerà esiziale per noi. Possibili vantaggi da una morte, non soltanto in senso economico. Buone possibilità nelle ricerche sotterranee, profonde, anche quelle che si riferiscono alla nostra psiche. Miglioramento della nostra vita sessuale. Quest'ultimo punto non si presta ad una doppia interpretazione e, spesso, ci informa, indirettamente, dell'arrivo di un amore o di una sistemazione positiva di un conflitto con il partner. Amplificazione delle proprie doti medianiche. Vantaggi di natura cimiteriale.

In nona Casa Giove significa, quasi sempre, lunghi e magnifici viaggi, viaggi lontano, permanenze a lungo lontano da casa, vantaggi che si ottengono da luoghi o persone straniere, relativi ad altre regioni o città. L'estero, il lontano, sotto tutti i punti di vista, ci è favorevole, ci giova, ci aiuta parecchio, per il lavoro, per il denaro, per la salute, per l'amore, per la fama. Ospedali e medici stranieri che riescono a guarirci. Lavori o collaborazioni che ci vengono offerti in altre città. Possibilità di frequentare università e corsi stranieri. Specializzazioni che possiamo prendere all'estero. Studi superiori favoriti, sia quelli universitari e sia quelli che si riferiscono a materie lontane dal quotidiano, materie come la filosofia, l'astrologia, la parapsicologia, la teologia, lo yoga, eccetera. Apprendimento di una lingua straniera o di un linguaggio di programmazione, un software particolarmente ostico.

In decima Casa lo stazionamento di Giove, nel corso di una Rivoluzione solare, è quasi sempre positivo e riguarda una crescita che è spesso di tipo professionale, ma che potrebbe riguardare, più in generale, qualunque emancipazione, come imparare a nuotare o a ingoiare pasticche (ci sono individui adulti che non riescono a farlo), liberarsi di una persona sgradevole, riuscire a volare per la prima volta e via dicendo. Va precisato, tuttavia, che tale posizione è assai meno potente dell'Ascendente in decima Casa radicale. Il perché non so dirlo, ma l'ho sperimentato migliaia di volte. In alcuni casi la suddetta posizione ci parla di un ottimo periodo per nostra madre, di un suo rilancio professionale, di una sua stagione di celebrità, di vantaggi economici, di salute o sentimentali che la riguardano oppure di un miglioramento dei nostri rapporti con lei.

In undicesima Casa Giove ci aiuta parecchio, attraverso amici influenti, conoscenze importanti, appoggi di potenti, uomini politici, magistrati, alti funzionari, personaggi che ci possono dare del lavoro, degli incarichi di responsabilità, delle perizie da fare, dei lavori in appalto, ma anche, più semplicemente, delle scorciatoie per essere operati da un luminare o per essere visitati da grossi specialisti, delle raccomandazioni per farci entrare in un corso o in un club esclusivi, degli appoggi a trecentosessanta gradi, nulla escluso, passando perfino per la telefonata al meccanico di fiducia per farci guardare meglio la nostra auto. Nei dodici mesi così intercettati potremo avere più agevolazioni, di ogni genere, e sentire, su di noi, l'alito caldo dell'amicizia, le espressioni migliori dell'amicizia. Ottimo progetti. Progetti di crescita professionale. Progetti che funzionano. Possibili vantaggi da una morte. Pericolo di morte, per noi o per un nostro caro, che viene superato benissimo. Anno in cui faremo delle nuove e ottime amicizie.

In dodicesima Casa Giove, forse, vive la sua migliore condizione in quanto, pur non favorendoci in alcuna direzione particolare, funziona come un jolly, come un angelo protettore che ci aiuta ad uscire da tutte le situazioni negative o di pericolo, ci dà una mano a recuperare, a toglierci dai guai. È davvero un toccasana per un buon recupero dopo una malattia, per toglierci da guai giudiziari, per superare una tragedia economica, per riprenderci dal dolore di una separazione o di un lutto. I suoi effetti non sono mai spettacolari, ma per chi è onesto con sé stesso, sono evidentissimi. La sua presenza in una Rivoluzione solare ci garantisce, abbastanza, di non vivere un anno drammatico, da nessun punto di vista: se pure cammineremo su di un laccio di acciaio sospeso tra due grattacieli, avremo sempre una "rete" sotto di noi. È questa la posizione, più di tutte, che ci deve far apprezzare un pianeta tanto buono, se vuole esserlo.

SATURNO DI RIVOLUZIONE NELLE CASE DI RIVOLUZIONE

Saturno di Rivoluzione è molto, ma molto, meno temibile di Marte di Rivoluzione solare. Anche questa regola scaturisce da una lunghissima osservazione "sul campo", da una pratica quasi trentennale su migliaia e migliaia di Rivoluzioni solari, mirate e non. Il perché non so dirlo, ma è certamente così. Probabilmente la ragione di una minore virulenza dell'astro è dovuta al fatto che la sua espressione, tendenzialmente cronica, poco si adatta alla periodicità di una Rivoluzione solare che abbraccia solamente dodici mesi. Ma non ci giurerei. È un fatto, però, che l'ho trovato moltissime volte in Case dodicesime, prime e seste in cui non ha prodotto grossi danni, a differenza del signore dell'Ariete e dello Scorpione che, nelle identiche posizioni, può essere addirittura devastante. Indubbiamente esso rappresenta un settore dove noi dovremo sforzarci o sforzarci molto, nel corso dell'anno, ma non necessariamente con risultati negativi. Tante volte, infatti, esso ci annuncia anche il settore dove saremo particolarmente premiati, ma a costo di sacrifici.

In prima Casa Saturno stabilisce il clima, in senso psicologico, di un anno: un panorama di fondo, un desk top, di malinconia, tristezza, depressione, scoraggiamento, sottrazione di entusiasmi, ma non necessariamente alla massima potenza. Esso potrà essere la cifra, piuttosto, di una crescita interiore che si manifesterà a mezzo di un comportamento più misurato, da parte del soggetto, di un modo di manifestarsi più sobrio, più misurato, con una migliore gestione della mimica facciale, del gesticolare, della posizione tutta del corpo. Tale item denuncia la mancanza, quasi totale, nel corso del periodo così intercettato, di qualunque forma di entusiasmo o di forza travolgente e trascinante. L'anno potrà essere abbastanza apatico, faticoso, in salita, con pochi divertimenti, ma costruttivo, positivo per le crescite in senso psicologico. Possibile un maggiore isolamento nel corso dell'anno (inteso sempre da compleanno a compleanno). Tendenza alla sobrietà, poca attenzione ai piaceri della carne, minore richiamo sessuale, sia per la donna che per l'uomo. Possibile dimagrimento. Probabili problemi alle ossa o ai denti.

In seconda Casa Saturno indica una contrazione delle entrate economiche oppure problematiche economiche dovute a maggiori uscite, spese impreviste, tasse cui far fronte, lavori in casa o in ufficio che tendono a prosciugare le riserve, piccole o grandi, che sono in banca. Periodo un po' difficile per il denaro, in generale. L'insieme della Rivoluzione solare e dei transiti potrà chiarire, quasi sempre, il motivo di tali emorragie o mancate entrate: per operazioni immobiliari, spese mediche, ristrutturazioni di locali, viaggi, perdite al gioco, eccetera. Possibile diminuzione di visibilità per un personaggio pubblico (magari perché diminuiscono le sue presenze in televisione o sui giornali). A volte tale posizione può indicare un cambiamento nel modo di vestirsi o di presentarsi: indirizzamento verso lo stile classico se fino a quel momento il soggetto aveva vestito casual, abolizione della barba o dei baffi o, viceversa, assunzione degli stessi, adozione del cappello d'inverno e via dicendo. Possibile interruzione di un hobby fotografico, cinematografico, teatrale oppure, al contrario, grande impegno per imparare ad usare un software grafico, per acquistare un monitor a grande risoluzione, un impianto professionale di ripresa o di videoregistrazione.

In terza Casa Saturno può indicare molte spese per l'acquisto di una vettura nuova, ma a volte accompagna anche il furto della stessa oppure costose riparazioni, con o senza incidenti stradali. Il più delle volte rappresenta problemi nei rapporti con fratelli, sorelle e cognati oppure crisi esistenziali degli stessi. Se tale posizione riguarda giovani e meno giovani impegnati negli studi, allora, è quasi sempre l'indice di una interruzione, temporanea o definitiva, negli stessi. Posizione particolarmente nociva agli scrittori che conosceranno un periodo di magra quasi totale. Possibili dispiaceri relativi alla stampa: per esempio i giornali o la televisione si occupano, malamente, di noi. Altre volte questa posizione astrologica si riferisce ad un maggiore e più pesante pendolarismo dovuto alle cause più diverse: insegnanti che vengono assegnati a sedi lontane, studenti che devono frequentare università di altre città, uomini e donne che viaggiano continuamente per incontrare la persona amata, cure mediche che richiedono spostamenti, eccetera.

In quarta Casa Saturno si riferisce, nella stragrande maggioranza dei casi, a problemi con o dai genitori. Troviamo tale posizione nei casi di malattia e di ricovero, con o senza operazioni, per i nostri vecchi. Nei casi più negativi, ma solo se tutto l'insieme dei transiti e della Rivoluzione solare e l'esame delle carte astrali di tutti i familiari lo conferma, può trattarsi anche della perdita di uno dei due genitori (maggiormente il padre, ma non è una regola assoluta). Altre volte si tratta di spese forti o di notevoli sacrifici per l'acquisto di una casa, per ristrutturare la stessa o per un trasloco, sia dell'habitat domestico che di quello lavorativo. Notevoli spese condominiali oppure per rinnovare parte dell'arredamento. Tasse patrimoniali arretrate o relative ad un passaggio di proprietà, ad una successione immobiliare. Forti sacrifici per sostenere un mutuo precedentemente avviato. Grossi lavori di manutenzione. Abbandono forzato della propria casa (per le coppie che si separano) oppure cambio di domicilio forzato, dovuto a ricovero ospedaliero o, nei peggiori casi, all'arresto del soggetto. Danni alla propria casa dovuti ad eventi naturali come terremoti, inondazioni, incendi, eccetera. Umidità che inizia a penalizzare il nostro habitat. Problemi allo stomaco o con le memorie di massa del nostro computer.

In quinta Casa Saturno annuncia, quasi inequivocabilmente, un deciso arresto, o una temporanea interruzione, di tutta l'attività ludica e ricreativa. Pochissimi divertimenti durante l'anno o svaghi di tipo "pesante" come lo studio di materie classiche, della storia antica, della numismatica, eccetera. Spessissimo troviamo tale posizione nelle Rivoluzioni solari di soggetti che si separano dal proprio partner o che interrompono, per un po' di tempo, una relazione extraconiugale. Sicuramente ci sarà poco o pochissimo sesso nel periodo suddetto. Possibili problemi per i nostri figli: scolastici, di cattive compagnie, di assunzione di droghe, eccetera. Probabile gravidanza indesiderata o aborto o gravidanza difficile e parto cesareo. In altri casi abbiamo esattamente il contrario: una coppia decide, dopo molti anni di matrimonio, di avere figli e si accorge di non poterne avere; scatta così una nevrosi doppia che spinge i due coniugi a tentarle tutte pur di procreare ed inizia un calvario, negli studi di medici e specialisti vari, all'inseguimento di un piccolo miracolo. Possibili dispiaceri nel venire a conoscenza di un tradimento da parte del partner. Perdite al gioco.

In sesta Casa Saturno, al contrario di Marte, nella maggioranza dei casi, non dovrebbe affatto generare panico o timori incontrollati: esso è la spia, quasi sempre, della cronicizzazione di disturbi, per lo più fisici, già a conoscenza del soggetto interessato a tale posizione astrologica. Spesso si tratta anche dell'insorgenza di problemi alle ossa o ai denti, come artrosi, reumatismi, malattie da raffreddamento, eccetera. Solo se l'insieme dalla Rivoluzione solare, unitamente ai transiti, è davvero cattivo, allora bisognerà preoccuparsi e mettersi in allerta per fronteggiare seri problemi di salute. Questi ultimi potranno, però, riguardare anche la salute da intendersi in senso mentale e potrebbero riferirsi, perciò, anche a crisi depressive o di angoscia conseguenti a dispiaceri subiti nel corso dei dodici mesi intercettati dalla Rivoluzione solare. Altre volte si tratterà di problemi nell'ambiente di lavoro: un nuovo preside che rende difficile la vita, l'arrivo di un nuovo collega dal carattere impossibile, un clima ostile determinato da vari elementi, l'assenza di un collega che ci fa scaricare addosso una maggiore mole di lavoro... Possibile trasferimento in altra sede. Sacrifici fatti per la salute: diete dimagranti e disintossicanti, frequentazione assidua di luoghi termali, di istituti di fisioterapia, di centri di massaggi shat-su e di agopuntura, eccetera. Probabile abbandono da parte di un collaboratore o di una collaboratrice domestica, una segretaria, un commesso. Inizio di terapie farmacologiche pesanti. Possibile malattia o morte di un animale domestico.

In settima Casa Saturno annuncia l'arrivo di problematiche nel rapporto di coppia. Spessissimo significa separazioni, temporanee o definitive, dal proprio partner. Altre volte questa posizione può significare, invece, che il proprio lui o la propria lei sono in crisi, stanno male, attraversano un duro periodo, per i motivi più diversi. Possibile separazione anche da un socio. Arrivo di carta bollata o peggioramento in situazioni legali. Pericolo di incriminazione da parte della magistratura, controlli da parte della Guardia di Finanza, ispezioni di polizia, coinvolgimenti in cause e processi, convocazioni per testimonianze, inizi di procedimenti giudiziari a proprio carico, perdita di cause, condanne, multe da pagare, ritiro di patente, attacchi di vario tipo, anche da parte di privati cittadini e guerre varie con il prossimo. Nei casi più gravi, ma assai meno spesso rispetto all'analoga posizione di Marte, Saturno in settima può accompagnare attentati alla propria persona o ai propri beni. Nei casi migliori si tratta di una "crescita", soprattutto sul piano professionale, del proprio partner ed anche una lievitazione della sua superbia, del suo distacco da noi. Posizione particolarmente sfavorevole ai politici. In altri casi possiamo avere una condizione apparentemente opposta e relativa all'inizio di una convivenza o di un matrimonio: in effetti si tratterà di un matrimonio "con la morte nel cuore".

In ottava Casa la presenza di Saturno, nel cielo di Rivoluzione solare, testimonia l'arrivo di una difficile situazione economica o il netto peggioramento della stessa se essa è già compromessa. Si tratterà di minori entrate o di maggiori uscite. Ritroviamo, spesso, tale item, nei cieli di industriali ed imprenditori che si trovano in una situazione di strozzatura di denaro perché, magari, un ente pubblico continua a non pagare loro un lavoro già terminato da tempo. Altre volte si tratta delle conseguenze di un forte indebitamento precedente per il quale ci arriva il conto da saldare. Molte persone, cadute nelle maglie degli strozzini, si trovano in tali condizioni oppure, all'opposto, sono proprio queste situazioni che possono portare un soggetto a finire nelle magli di un usuraio. Forti tasse da pagare, perdite al gioco, possibili furti e rapine subiti oppure notevoli perdite relative all'accettazione di un assegno a vuoto. Perdita di una eredità o grosse battaglie da sostenere per l'acquisizione di un bene ereditato. Problemi nelle liquidazioni o nelle pensioni. Possibili debiti contratti dal coniuge. Riusciamo ad ottenere un finanziamento, un prestito, che però ci costringerà a pagare notevoli interessi e grosse rate mensili. Probabile diminuzione o interruzione dell'attività sessuale. Temporanei problemi di carattere sessuale, come frigidità ed impotenza. Possibili problemi emorroidali (soprattutto nei soggetti dello Scorpione). Paura della morte. Esperienze negative relative a sedute spiritiche, frequentazione di sette, di maghi. Possibile lutto familiare o relativo ad un amico.

In nona Casa Saturno di Rivoluzione sconsiglia decisamente di fare viaggi nel corso dell'anno anche se, in caso contrario, si potranno registrare fastidi più che guai seri. Molte volte si è costretti a partire per problemi di salute, propri o di familiari. Altre volte tale posizione indica un allontanamento forzato dalla propria casa, per motivi di studio, di lavoro, di carattere giudiziario. Possibili incidenti relativi ai viaggi, ma assai meno probabili della stessa posizione di Marte. L'estero o gli stranieri ci sono ostili e per estero, va ripetuto, si deve intendere dovunque si parli una lingua o un dialetto diversi dai propri. Un nostro parente lontano sta male o vive un periodo difficile oppure un nostro caro sta lontano da noi e questo ci produce sofferenze. Allontanamento dal proprio amore. Una ditta straniera o di un'altra regione ci toglie una rappresentanza vitale. Un nostro riferimento culturale, che vive lontano, ci abbandona o muore. Si interrompono, temporaneamente o definitivamente, i nostri rapporti culturali con una università straniera, un gruppo di ricerca di un'altra città, un editore di un'altra regione. Le nostre opere vengono attaccate lontano dai luoghi dove viviamo. Viviamo una crisi religiosa o relativa allo studio di materie come la filosofia, la teologia, l'astrologia, l'esoterismo, eccetera. Viaggi a cui dobbiamo rinunciare. Nostalgia di casa.

In decima Casa Saturno sta a testimoniare un momento difficile o parecchio difficile sul piano professionale o semplicemente per il nostro prestigio personale. Momento di impopolarità per un personaggio pubblico, per un politico, per un uomo di spettacolo. Possibile perdita del lavoro (per esempio per operai già in cassa integrazione). Rinuncia al lavoro. Prepensionamento o pensionamento non gradito. Consegna, con la morte nel cuore, delle proprie dimissioni. Ritiro doloroso dal mondo del lavoro. Malattia o incidente che ci costringe ad abbandonare, temporaneamente o definitivamente, il lavoro. Un passo indietro nell'emancipazione: per esempio viene ritirato un privilegio che ci apparteneva e ci permetteva di assentarci spesso dal lavoro. Potevamo usare la fotocopiatrice o l'apparecchio fax di un familiare che adesso è partito e si è portato dietro tali apparecchiature (valga, ciò, come esempio, tra i mille possibili, per chiarire meglio il concetto di emancipazione negata o perduta). Nostra madre sta male o peggiora il nostro rapporto con lei. Nei casi peggiori, se l'insieme dei transiti e della Rivoluzione solare lo giustifica, è possibile anche la morte della stessa.

In undicesima Casa Saturno di Rivoluzione solare significa, nella stragrande maggioranza dei casi, la perdita, per morte o per allontanamento, di un amico o di un nostro caro oppure il pericolo di vita per gli stessi. Altre volte sta ad indicare, più modestamente, la fine di un'amicizia o un litigio grosso con amici o con familiari. Un progetto viene interrotto o viene meno una protezione da parte di un personaggio influente che ci sponsorizzava. Si diradano gl'incontri con i nostri amici. Poche nuove amicizie nel corso dell'anno. La musica ci manca. Possibili problemi all'udito. Riscontriamo minore calore intorno a noi.

In dodicesima Casa Saturno è l'indice, generalizzato, di prove che ci possono colpire a trecentosessanta gradi, ma di latitudine malefica assai inferiore a quella che potrebbe penalizzarci in presenza di Marte/dodicesima. Si potrà trattare tanto di problemi di denaro che di amore o di giustizia o di salute. L'insieme dei transiti e della Rivoluzione solare ci potrà chiarire meglio di cosa si tratti. Nella maggioranza dei casi, tuttavia, se la Rivoluzione solare, a parte tale posizione, è abbastanza buona, allora non dobbiamo temere nulla di grave e si tratterà più di fastidi, nel corso dell'anno, che di veri e propri guai. Possibili problemi relativi ad una chiusura coatta, una degenza ospedaliera o, nel peggiore dei casi, di una carcerazione. Depressione, scoraggiamento, abbattimento psichico.

URANO DI RIVOLUZIONE NELLE CASE DI RIVOLUZIONE

Urano di Rivoluzione, come per Saturno, Nettuno e Plutone, si esprime assai meno pesantemente che Marte e spesso ha, invece, le effettive caratteristiche di un rinnovamento relativo al settore intercettato. Nel periodo compreso tra la fine degli anni Ottanta e gli anni Novanta, l'ho osservato tantissime volte in compagnia di Nettuno, anche in prima, sesta e dodicesima Casa, ed i suoi effetti non sono quasi mai stati pesanti per il soggetto interessato.

In prima Casa Urano, più che produrre dei cambiamenti importanti, agisce in senso "nervoso", potremmo dire, cioè, di solito, testimonia un periodo di maggiore ansia, nervosismo, insonnia, piccoli attacchi di panico, turbamenti generali, ma quasi mai qualcosa di importante in negativo. Sono, tuttavia, possibili anche dei cambiamenti di atteggiamento nel soggetto, se ciò è confermato da altri punti del cielo di nascita e di quello di Rivoluzione del soggetto. In genere accompagna una maggiore apertura, verso l'esterno.

In seconda Casa è da mettere in rapporto a novità finanziarie, non necessariamente di segno negativo. Certamente è presente in quelle situazioni in cui il soggetto guadagna o spende parecchio, fa qualcosa per mutare il proprio tenore di vita, si inventa dei nuovi lavori, riceve un premio o una eredità, ma anche una liquidazione, una pensione, degli arretrati di lavoro. Il maggiore flusso di denaro può anche dipendere dalla vendita di un immobile o da spese eccessive per ristrutturare una casa. In ogni modo la sua presenza ci avverte che, dal punto di vista finanziario, la vita del soggetto, almeno per quell'anno, non sarà affatto tranquilla e registrerà, invece, più di un colpo di scena.

In terza Casa Urano può segnalare il cambio della propria autovettura, ma anche il furto della stessa o un tamponamento, un incidente, in cui saremo coinvolti. Possibile brusca interruzione nei rapporti con fratelli, sorelle, cugini e cognati oppure cambiamenti radicali nella vita di costoro. Brusca inversione di strada negli studi. Studi che si interrompono improvvisamente o, al contrario, che iniziano inaspettatamente. Studi in discipline innovative, studi di elettronica, di informatica, di fotografia, di astrologia. Improvviso pendolarismo nel corso dell'anno. Improvvisamente ci mettiamo a scrivere o la stampa si occupa di noi. Possibili guasti alle attrezzature relative alle comunicazioni ed alle telecomunicazioni. Rischio di incidente per un congiunto. Arrivo di lettere, telegrammi, telefonate improvvisi e drammatici.

In quarta Casa Urano indica, davvero tante volte, un improvviso cambio di domicilio, per i motivi più vari che possono essere un nuovo lavoro, il trasferimento ad altra sede in una attività sia pubblica che privata, uno sfratto che ci costringe a togliere le tende, una separazione dal coniuge, la necessità di ridurre le spese e l'obbligo di sistemarci in casa di parenti, eccetera. Attenzione ai corti circuiti ed agli incendi accidentali. Possibili danni da eventi naturali come fulmini. Inaspettata possibilità di ricevere una casa in donazione o in eredità. Perdita accidentale di un immobile, anche al gioco o per incapacità di pagare un mutuo. Lavori in casa o in ufficio decisi all'ultimo momento. Genitore che si ammala o muore improvvisamente.

In quinta Casa Urano si potrebbe chiamare "rottura di condom". Possibili maternità e paternità inaspettate. Rischio di gravidanze improvvise e comunque non programmate. Interruzioni accidentali di gravidanza. Anticipazione accidentale di parto. Possibili complicazioni impreviste nel corso del parto o parto cesareo. Inizio di un nuovo amore che ci coglie di sprovvista. Interruzione immediata di un amore. Colpi di scena nel nostro rapporto sentimentale. Veniamo a sapere, come con un fulmine a ciel sereno, che il nostro partner ama un'altra persona. Pericolo di incidenti per i nostri ragazzi. Improvviso cambiamento di vita per un figlio o mutamento nei nostri rapporti con lui. Nuovi hobby di tipo uraniano (per esempio musica, informatica, elettronica).

In sesta Casa vale più o meno lo stesso discorso fatto per la prima. L'ho visto tantissime volte in questa Casa e solo raramente, in unione, però, con altre posizioni cattive, l'ho potuto leggere insieme a disgrazie significative. Nella maggioranza dei casi esso può riguardare problemi di ansia, nervosismo, insonnia e basterà, nel corso dell'anno, diminuire l'uso del caffè oppure prendere dei leggeri sedativi, anche naturali, per stemperare gli effetti della sua presenza nella Casa che viene attribuita alla salute. Possibili grosse novità, invece, nel lavoro: nuovo incarico che ci cambia di sede o di ambiente. Nuovi colleghi di lavoro, diversi capi o collaboratori. Un nostro collaboratore, anche domestico, che se ne va, senza preavviso. Probabili cure da effettuare a mezzo di radiazioni di ogni tipo. Uso di attrezzature nuove, l'ultimo grido della scienza e della tecnica, per curare una nostra patologia.

In settima Casa è abbastanza incisivo. Spesso, assai spesso, segna un cambiamento drastico nella situazione matrimoniale o nel rapporto di coppia, qualunque esso sia, in senso sentimentale, sessuale, commerciale, di studio, politico, eccetera. Il nostro partner cambia vita inaspettatamente, per l'arrivo di un lavoro, per un lutto subito, per un incarico di prestigio... Improvviso arrivo o fine di carta bollata. Probabili questioni legali di cui ci dovremo occupare nel corso dell'anno. Colpi di scena in tribunale.

In ottava Casa può determinare una perdita consistente ed improvvisa di denaro. Tasse inattese, arrivo di richieste di pagamento di cui non sappiamo nulla, indebitamento del nostro partner, a nostra insaputa, furto, rapina, scippo, truffa, grossa sfortuna al gioco che ci proietta in un mare di problemi economici. Ma anche arrivo inatteso di una eredità, di una vincita al gioco, di una donazione, di un partner ricco, eccetera. Possibili problemi sessuali dovuti all'ansia, al nervosismo. Lutto improvviso o pericolo di morte per un nostro congiunto o per un amico. Sorprese nel corso di lavori di scavo. Germogliare di nuovi interessi nel campo dell'occultismo, dello spiritismo, della magia. Forme innovative di sessualità che ci permettono di rinfrescare il nostro rapporto di coppia.

In nona Casa Urano di Rivoluzione sta a significare, abbastanza frequentemente, un viaggio non programmato e che si rende necessario per i motivi più diversi, sia positivi che negativi: un corso di studi, una specializzazione, uno stage, un congresso, un ciclo di conferenze, una vacanza, la visita ad un parente lontano, l'esigenza di farsi curare in un ospedale straniero o di accompagnare un parente malato, la ricerca di un lavoro, il colloquio con un editore, con uno sponsor, con un network. Pericolo di incidente in viaggio o di avvenimenti improvvisi che lo rendono problematico. In tanti si chiedono se corrono o meno pericoli con l'aereo ed è bene fare una parentesi su questo argomento. Occorre, innanzitutto ricordare, anche se è ovvio, che l'aereo è uno dei mezzi di trasporto più sicuri al mondo, se non addirittura il più sicuro in assoluto. Le probabilità di avere un incidente aereo sono di gran lunga inferiori a quelle di subire un incidente stradale, ma in una misura davvero abissale. Un Urano in nona di Rivoluzione, da un punto di vista teorico, potrebbe indicare un incidente aereo, ma soltanto se il soggetto contiene questa informazione pericolosa già nel proprio cielo di nascita, per esempio una congiunzione Marte-Urano in nona, e solamente se l'insieme dei transiti e della Rivoluzione solare lo confermano.

Con una discreta Rivoluzione solare, in assenza, per esempio, di una doppia congiunzione Saturno-Marte sulla congiunzione di nascita Marte-Urano di nascita in nona, possiamo davvero dormire sonni tranquilli relativamente a tale argomento. Altro è, naturalmente, se l'aereo lo pilotiamo noi e se si tratta di un "piper".

In decima Casa Urano annuncia, sovente, cambi di direzione nel lavoro o, addirittura, cambi di lavoro. Nuove modalità con cui andiamo a svolgere la nostra attività professionale. Inserimento di attrezzature e di tecnologie moderne nel nostro lavoro, come la completa informatizzazione della nostra attività. Improvvisi sbocchi che può prendere la nostra professione. Le grosse novità, di lavoro o sentimentali o di salute, potrebbero riguardare anche nostra madre ed il rapporto che noi abbiamo con lei.

In undicesima casa Urano segnala, in molti casi, un nostro lutto che, comunque, non dovrà riguardare necessariamente un parente, ma potrebbe riferirsi ad un amico, un conoscente, una persona influente che ci sponsorizza, che ci dà una mano in generale. Anziché trattarsi di un lutto, potrebbe trattarsi anche di un pericolo di vita corso da un parente o da una persona a noi cara. Improvvisa rottura di un'amicizia. Nuovi ed interessanti amici. Ricambio notevole nelle amicizie. Si fa avanti una persona che ci potrebbe aiutare. Nuovi ed interessanti progetti. Possibile neointeresse per la musica.

In dodicesima Casa di Rivoluzione Urano segnala, quasi sempre, l'arrivo di una prova che si esprime con le caratteristiche di un fulmine a ciel sereno. Improvvisa cattiva notizia relativa al lavoro o al denaro o alla salute o alla vita sentimentale o agli affetti familiari. Non è una piacevole posizione, ma neanche pericolosissima. Di sicuro è meno pesante, di parecchie lunghezze, dell'omologa di Marte. L'ho ritrovata, in questi primi anni Novanta, tantissime volte insieme a Nettuno e, quasi mai, corrispondeva a tragedie nella vita delle persone esaminate. Le prove potrebbero essere in rapporto alle novità, ma anche alla tecnica, agli ultimi ritrovati della scienza e questo potrebbe significare, per esempio, che triboleremo, parecchio, durante l'anno, perché installiamo un nuovo sistema operativo e questo ci manda in tilt il computer, facendoci perdere dati preziosi e tantissimo tempo e denaro.

NETTUNO DI RIVOLUZIONE NELLE CASE DI RIVOLUZIONE

Nettuno di Rivoluzione, come per Saturno, Urano e Plutone, non ha un grosso peso nella Rivoluzione solare e, soprattutto, non ha un grosso peso negativo. Più che altro ci informa su quale direzione prenderanno le nostre paure, le nostre fobie dell'anno, sotto quale aspetto tenderemo a sviluppare le nostre nevrosi di quel periodo.

In prima Casa Nettuno ci parla di tendenze nevrotiche "essenziali", potremmo dire, ovvero senza una causa ben precisa. Ci sentiamo agitati, impauriti e, a volte, non riusciamo neanche a dare un nome e un cognome alle nostre angosce. Sicuramente ci troviamo in un periodo di contingenza da un punto di vista psicologico. Abbiamo parecchia confusione nella testa e tendiamo ad essere più intossicati, a mezzo caffè, alcol, fumo, psicofarmaci droghe di vario genere. Forte spiritualità ed interessi in campo esoterico, astrologico, parapsicologico, teologico. Trascendenza e spinte nella direzione infermieristica ed assistenziale.

In seconda Casa Nettuno ci fa vivere dodici mesi all'insegna delle paure economiche: pensiamo di non farcela, di soccombere per i debiti precedentemente contratti, di finire in miseria, soprattutto in vecchiaia. Abbiamo bisogno di intossicarci parecchio, con tanto caffè o alcol o medicine, per superare questo brutto momento che riguarda, quasi esclusivamente, le preoccupazioni finanziarie. Possibili guadagni dai liquidi, dalle attività marinare oppure dall'arte, dalla musica, dall'astrologia, dalla magia, dalla cartomanzia. Situazioni poco cristalline nei nostri affari.

Nella terza Casa Nettuno finisce per annebbiarci il cervello e per far calare, drasticamente, la nostra lucidità mentale. Abbiamo difficoltà a formulare, in modo coerente e logico, le nostre idee. Riusciamo a fatica a farci capire ed a capire gli altri. Avremo una corrispondenza viziata dalle preoccupazioni o telefonate parimenti angoscianti. Potremmo vivere un pendolarismo marittimo (per esempio quegli insegnanti che ogni giorno debbono recarsi a scuola su di un'isola). Possibile periodo di grosse nevrosi per un fratello, per un cugino, per un cognato o rapporti falsi e confusi tra noi e gli stessi. Grosse preoccupazioni per gli studi. Grande nervosissimo per un concorso. Non sappiamo bene in che direzione continuare i nostri studi. Confusione anche negli scritti. Corrispondenza nevrotica su Internet.

In quarta Casa Nettuno vuol dire, innanzitutto, tante preoccupazioni, paure, angosce per la casa. Paura di non riuscire a pagare il fitto o le rate del mutuo, paura di perdere la casa, di essere sfrattati. Preoccupazioni per aver intrapreso, forse sottovalutando l'importanza della cosa, dei lavori troppo grossi nella nostra abitazione. Pericoli dall'acqua: di inondazione della nostra dimora, di allagamento per rotture di tubi, di danni idraulici, eccetera. Possibili angosce per la salute dei nostri genitori o rapporti nevrotici tra noi e gli stessi. Clima assai confuso in famiglia. Possibile dubbio su di una paternità. Perdiamo, in modo strano, dei dati nella memoria rigida del computer, forse per un errore nei comandi che diamo alla macchina.

In quinta Casa Nettuno sta ad indicare, soprattutto, molte angosce e paure per i nostri figli oppure nevrosi che ci assalgono nel tentativo di procreare senza riuscirci. Possibili forti gelosie e timori nel nostro rapporto sentimentale. Vizi e "devianze" nei nostri hobby (per esempio pornografia). Nostro figlio sta male, sul piano mentale, magari perché è ossessionato da un esame che deve dare oppure per problemi sentimentali o di salute. Pericoli per mare di nostro figlio o rischi che egli corre in merito alla droga. Situazione confusa nella nostra vita sentimentale. Possibile inizio di un rapporto extraconiugale o scoperta di un tradimento da parte del nostro partner.

In sesta Casa Nettuno agisce, prevalentemente, in direzione delle angosce, delle nevrosi, delle fobie di ogni genere, spesso senza una causa precisa. Abbiamo paura delle malattie o di perdere il lavoro o di entrare in conflitto con i nostri colleghi di lavoro. Preoccupazioni in genere nell'ambiente di lavoro. Confusione nei rapporti con collaboratori o superiori. Un domestico ci provoca apprensione. Comportamento ambiguo di un collaboratore. Ricorso o farmaci e psicofarmaci per uscire da una patologia. Doppio gioco nella nostra attività lavorativa.

In settima Casa Nettuno mette l'accento sulle nostre paure relative al rapporto di coppia, al nostro ménage familiare. Possibile periodi di nevrosi per il compagno o per la compagna. Paura del matrimonio o paure generate da una società. Preoccupazioni di ordine giudiziario. Angosce per avere ricevuto un avviso di garanzia. Poca chiarezza nel rapporto di coppia o nei rapporti con un socio. Tradimenti inflitti o subiti. Problemi di legge per militanze tra gli estremisti politici o i fanatici religiosi.

In ottava Casa Nettuno può significare che entriamo in angoscia a causa di un lutto o per la paura della morte generata, magari, da una grave malattia che colpisce una persona a noi assai cara. Nevrosi e fobie generate dal frequentare circoli od associazioni che praticano spiritismo, occultismo, magia nera, eccetera. Grosse preoccupazioni di carattere economico. Entriamo in angoscia per un debito importante che abbiamo contratto. Un finanziamento che abbiamo ottenuto ci toglie il sonno. Non sappiamo come pagare delle rate di un mutuo o una grossa tassa che ci è piovuta sulla testa. Le fobie e le paure danneggiano la nostra vita sessuale. Possibili allagamenti nel corso di scavi in nostre proprietà.

In nona Casa Nettuno licenzia molti e bellissimi viaggi nel lontano, da intendersi sia in senso geografico-territoriale che metafisico-trascendente. Forte attrazione per l'estero, per le crociere per nave. Desiderio di indirizzare la propria libido quanto più in alto è possibile. Sentimenti religiosi, trascendenza, attrazione per la spiritualità sotto tutte le forme. Pratica di filosofia, teologia, yoga, orientalismo, astrologia, esoterismo. Nevrosi che ci colpiscono durante un soggiorno lontani da casa o nel corso di viaggi. Pericoli di naufragio nel corso dell'anno. Disavventure marine. Preoccupazioni per gli studi universitari. Confusione che ci provoca incidenti di veicolazione.

In decima Casa Nettuno sta a rappresentare le angosce che ci assalgono relativamente al lavoro, alla preoccupazione di perderlo, ai timori di essere licenziati o di fare un passo indietro nella scala sociale. Iniziamo ad occuparci, per lavoro, di liquidi, di alcol, di farmaci, di droghe (anche in senso medico-curativo), di magia, di astrologia, di cartomanzia, di chiromanzia, di parapsicologia, di esoterismo. Impiantiamo un commercio con la curia. Nostra madre attraversa un periodo di grosse tensioni mentali, di angosce, di depressione oppure diventano angoscianti i rapporti tra noi e lei. Pericoli marini per nostra madre.

In undicesima Casa Nettuno può significare pericoli per mare di nostri amici o, addirittura, morte per annegamento di amici o parenti (se tutte le altre indicazioni della Rivoluzione solare e dei transiti giustificano una previsione tanto grave). Amici che entrano in depressione o che si intossicano con caffè, fumo, alcol, droghe. Nostri rapporti angoscianti con gli amici. Temiamo fortemente che una persona influente smetta di assisterci. Progetti bloccati dalle paure. Conoscenza di nuovi amici tra gli artisti ed i musicisti.

In dodicesima Casa Nettuno ci dice che le maggiori prove dell'anno, assai probabilmente, saranno relative ad uno stato mentale precario, ad angosce, preoccupazioni, paure, timori di ogni genere. Danni subiti dalla frequentazione di sacerdoti, falsi maghi o astrologi, filosofi, occultisti e via dicendo. Pericoli a contatto con la droga o con tossicodipendenti. Molti pericoli per mare. Ricovero ospedaliero, soprattutto per problemi nervosi. Angosce a tutto campo.

PLUTONE DI RIVOLUZIONE NELLE CASE DI RIVOLUZIONE

Plutone di Rivoluzione, come già detto precedentemente, non rappresenta una posizione pericolosa o particolarmente ostile per il soggetto che la ospita nel proprio cielo annuale. Tante volte anche un Plutone in dodicesima, tra i tantissimi che ho studiato, non ha prodotto un bel niente di grave. Fatta eccezione, ovviamente, per quei casi in cui, magari, abbiamo, in contemporanea, un Ascendente in prima Casa, ma lì, a cose avvenute, sarà stato Plutone o l'Ascendente a produrre tutta una serie di danni? Io propendo sicuramente per la seconda ipotesi. Più che altro Plutone sembra esprimersi, nel corso dell'anno, più sul piano psicologico che su quello dei fatti tangibili.

In prima Casa Plutone agisce potenziando la volontà del soggetto e, in alcuni casi, porta lo stesso a giganteggiare anche in senso prepotente. Arroganza, aggressività e violenza potrebbero essere i limiti estremi di questa posizione se l'insieme del tema e della Rivoluzione solare lo giustificano. Tendenze inflazionistiche ed ipertrofiche. Esagerazioni di ogni tipo. Grandeur e manie di fantasie di potenza.

In seconda Casa sposta la nostra attenzione economica in direzione di grossi obiettivi, facendoci perdere, il più delle volte, l'autobus delle destinazioni possibili. Siamo portati ad inseguire solamente gli obiettivi grossi e tralasciamo quelli piccoli che potrebbero renderci di più. Possibili esagerazioni nelle spese o notevoli difficoltà economiche. Affari importanti e debiti altrettanto poderosi.

In terza Casa Plutone può annunciarci un anno straordinario per un fratello, per un cugino, per un cognato, un anno in cui costoro potrebbero salire al vertice della ribalta pubblica, diventare famosi, ottenere un ottimo lavoro, realizzare un progetto importante. Al negativo significa grossa prova per un congiunto o congiunto implicato in uno scandalo, soprattutto sessuale, incriminato dalla legge, con grossi problemi psicologici. Acquistiamo una vettura prestigiosa o rischiamo un incidente o il furto della nostra macchina.

In quarta Casa Plutone può accompagnare l'arrivo di una donazione, di una eredità che riguarda un immobile oppure l'acquisto dello stesso da parte nostra. Grossi lavori di ristrutturazione in casa o in ufficio o in laboratorio. Pericolo di perdere la casa o di essere sfrattati. Problemi per il pagamento del mutuo. Danni rilevanti causati da eventi naturali. Grande affermazione di un genitore, soprattutto il padre, oppure malattia importante degli stessi. I nostri rapporti con loro potrebbero prendere una piega aggressiva.

In quinta Casa la presenza di Plutone nella Rivoluzione solare potrebbe testimoniare un grosso innamoramento da parte nostra, una cotta violenta che ci mette KO o che ci dà tormento. Amori con soggetti plutoniani, scorpionici, possibili criminali. Forte passione sessuale. Sesso in tutte le forme, anche quelle assai poco ortodosse. Grande affermazione di un figlio, a scuola, nello sport, nel lavoro. Pericoli e dispiaceri per e dallo stesso. Una prova importante che riguarda un nostro ragazzo. Inizio di hobby poco leciti.

In sesta Casa Plutone può significare una patologia di un certo rilievo, ma come già spiegato, raramente ho trovato questa posizione davvero pericolosa e la sua incidenza negativa è cento volte meno pesante di quella di Marte nelle Case malefiche, malefiche con o senza virgolette. Possibile guarigione "miracolosa". Grossi problemi da un dipendente. Un dipendente che si rivela essere un criminale, un maniaco sessuale, un disturbato mentalmente, un forte nevrotico, un invasato in senso occulto. Un incarico importante di lavoro.

In settima Casa Plutone potrebbe anche annunciare un matrimonio, ma la mia esperienza, rispetto a questo astro nelle Case di Rivoluzione, mi dice che lo stesso, da solo, non può significare quasi nulla, mentre in accoppiata ad altri potenti valori, partecipa a spettacolarizzare un anno. Possibile separazione o divorzio. Rottura in una società. Coniuge o socio che hanno problemi con la legge, anche per fatti criminali. Attrazione verso soggetti plutoniani. Guai con la legge. Un grosso processo.

In ottava Casa Plutone potrebbe accompagnare un lutto importante, una crisi psicologica che segue un lutto che ci mette a terra, una forte paura della morte, per noi o per un nostro caro. Pulsioni sessuali insane o forte spinta sessuale. In caso negativo abbiamo il significato opposto: stati di impotenza o blocchi temporanei di frigidità. Grosse cifre perse al gioco o furti subiti. Danni da rapine e truffe o prestiti mai recuperati. Problemi a carattere economico di diversa natura. Possibile vincita al gioco o importante eredità.

In nona Casa Plutone ci avverte che saranno possibili dei viaggi lunghi o delle permanenze durevoli all'estero o comunque lontano da casa. Uno straniero o un soggetto non nativo della nostra città avrà un peso determinante nel corso dell'anno. Si fa vivo un nostro parente che vive lontano o noi ci spostiamo per una operazione chirurgica nostra o di un nostro caro. Possibili importanti studi universitari o esplorazioni culturali nella filosofia, nella teologia, nell'esoterismo, nell'orientalismo, nell'astrologia, eccetera. Pericolo di incidente nei viaggi.

In decima Casa Plutone può accompagnare un incarico di prestigio, un lavoro importante che ci viene assegnato, un aumento di stipendio o una crescita nella gerarchia cui siamo correlati. Possibile svolta decisa ed importante nel nostro lavoro oppure grave crisi dello stesso. Caduta sociale, di prestigio, dio popolarità. Madre con grossi problemi nevrotici ed ossessivi. Malattia seria di nostra madre o rottura dei nostri rapporti con la stessa.

In undicesima Casa Plutone può essere l'icona di un grave lutto che subiremo nel corso dell'anno, ma non necessariamente di un parente. Un personaggio prestigioso ed influente ci dà un consistente aiuto a far lievitare, in positivo, la nostra condizione sociale o professionale. Perdita di uno sponsor prezioso. Nuove importanti amicizie. Rottura clamorosa con un amico. Progetti ipertrofici.

In dodicesima Casa ci dovremmo attendere prove di latitudine pressoché infinita e, invece, i suoi danni non sono di molto superiori a quelli prodotti negli altri undici settori. Possibile prova importante nel corso dell'anno. Per lo più problemi psichici, nevrotici, di sesso, di aggressività. Pulsioni distruttive ed autodistruttive. Possibile violenza esercitata o subita. Prove legate alla religione, alla magia, all'astrologia, all'occultismo.

INDICE:

Prefazione, 5
Capitolo I, Altri miei testi di Astrologia Attiva, 7
Capitolo II, Un po' di teoria, 10
Capitolo III, Due esempi particolari di lettura, 14
Capitolo IV, Due nuovi passaggi a nord-ovest, 20
Capitolo V, Le Case di Rivoluzione, 28
Capitolo VI, Gli astri nelle Case di Rivoluzione, 57
Indice, 119

Printed in Great Britain
by Amazon